너나
청렴하세요!

★★★★★
청렴
생활도서

너나 청렴하세요!

"불편한 청렴을 편안한 청렴으로"

청렴인권경영연구소(김효광 강사) 지음

좋은땅

프롤로그
당신은 청렴하시나요?

공직자로 삶을 마치고 제2의 삶을 '청렴강사'로 살아가고 있다.
과거에 공직자로 살아가면서 '청렴'이 불편했고,
'청렴강사'로 살아가면서도 늘 '청렴'이 불편하다.

사람들은 '청렴'을 좋은 것이라는 것을 다 알고 있다.
그런데 '청렴'을 말하고 함께 '청렴'하자고 하는 데는 왜! 사람들은 불편해할까?
오랫동안 그 이유에 대해 생각해 왔다.
그리고 이제는 불편해 하는 이유를 알게 되었다.

제1장, 불편한 청렴을 편안한 청렴으로 안내한다

우리가 가지고 있는 청렴의 선입견과 편견, 고정관념을 깨는 이야기다. 강사로서 살아가면서 마주하는 불편한 청렴을 시작으로, 청렴하면 손해 보는 세상, 가까이하기에 부담스러운 청렴, 청렴할 수 없는 청렴에서 청렴할 수 있는 청렴으로 재해석한다. 초등학생 조카의 "청렴이 뭐예요?" 질문 속에서 답을 찾는다. 마지막으로 청렴의 고정관념과 편견을 깨고 나면 불편했던 청렴이 편안하게 느껴진다. 그리고 생활 속에서 너와 나 우리 모두가 생활 속에 청렴을 함께하고 있는 것을 알게 된다.

제2장. 나도 모르게 하는 '나쁜 특권·관행·갑질·부패'의 원인을 찾는다

조직과 관계 속에서 권력을 가진 사람이 나도 모르게 저지르는 4대 리스크(특권, 관행, 갑질, 부패)에 대한 민감도를 높여서 권력의 두려움을 알게 하여 혹시나도! 특권과 관행과 갑질과 부패에 대한 민감도를 높인다.

두려움이 없는 권력은 누리지 말아야 할 특권을 누리려 하고, 하지 말아야 할 관행을 요구하고, 안 해 주면 갑질을 하고, 특권과 관행과 갑질로 자신과 타인의 이익을 위해 부패를 한다. 이 나쁜 것들은 권력이라는 마약과 같은 속성에서 발생하는 리스크다. 권력에는 특권이 있다. 그런데 주어진 권한(특권)을 넘어서 누리지 말아야 할 특권을 누리려고 하고, 특권에 중독이 되어 버린다. 중독이 된 특권들은 조직 속에서 관행이 되어 조직문화로 자리 잡게 된다. 조직문화가 된 관행들은 특권을 가진 자들을 위한 누리지 말아야 것들이지만 안 해 주면 안 해 준다고 불이익을 주고 갑질을 한다. 이 모든 것은 부패로 연결되는 한통속이다. 부패 속에는 특권과 관행과 갑질이 연결되어 있다. 그리고 난 몰랐다고 한다.

제3장, 청렴해야 할 사람들을 부패하게 하는 사람들

公자가 들어간 직업을 가진 사람은 청렴을 근본으로 하는 직업을 가진 사람들이다. 청렴하게 살아가려고 하는데 公자가 들어간 사람을 부패하게 하는 사람들이 있다. 첫 번째는 자신이고, 두 번째는 공적인 권한과 영향력을 이용하는 다른 사람들이다. 이 사람들은 공적인 권한과 영향력을 자신들의 이익을 위하여 사용하게 만드는 부패 유발자들이다. 공직자가 가장 사랑하지만 경계해야 할 부패 유발자 TOP-10을 소개한다. 공직자가 부패 유발자들 관계 속에서 부패하지 않기 위한 방법들을 소개한다. 공사다망 속에서 공과 사를 구분하기, 인간의 마음과 눈을 멀게 하는 선물 속에서 착한 선물과 나쁜 선물을 구별하기, 공직자를 낚기 위한 미끼 물지 않기, 공직자를 이용하려는 나쁜 카르텔에 엮이지 않는 방법, 마지막으로 이들에게 청렴의 못을 가슴속에 박는 거절 방법을 소개한다.

제4장, 선량한 사람도 부패할 수 있다

선량한 사람들이 법이 없어도 살아갈 수 있어야 한다. 하지만 지금 세상의 법들은 상식을 넘어 버렸다. 이제는 법을 모르면 선량한 마음으로 밥을 사주고, 선물을 주고, 사교를 한 것이 부패한 사람, 범죄자가 될 수 있다.

그래서 청렴을 업으로 살아가는 사람들은 부패를 방지하는 방법을 알아야 한다. 나를 부패로부터 지켜주는 '행동강령', 세상을 바꾼 '청탁금지법', 부패방지의 끝판왕 '이해충돌방지법', 눈먼 나랏돈은 없다. '공공재정환수법', 세상을 구하는 '공익신고자보호법', 한번 공직자는 끝까지 공직자다 '공직자윤리법'을 짧고 굵게 안내한다.

또한, 부패방지법은 공직자만 알고 지켜야 함을 넘어서 공직자의 부모도 자녀도 가족도, 그리고 공직자의 직무와 관련된 사람들도 부패하지 않는 법을 알고 지켜야 한다. 그래야 자신을 부패로부터 보호하고 자신과 관계된 공직자도 부패하지 않게 할 수 있다.

제5장, 너나 청렴하세요, 함께 청렴사회 만들기

너나 청렴하세요! 너와 내가 우리 모두가 청렴하기 위한 이야기로 안내한다. 청렴하기 위해 청렴감수성을 정의해 보고 나의 청렴감수성을 측정해 본다. 그리고 공직자가 아닌 음식을 만들어 파는 분들의 청렴이야기를 안내한다. 청렴한 세상이 되기 위한 싸가지(인, 의, 예, 지)가 있는 청렴한 사람 이야기, 인사가 만사인 세상 속에 청렴하게 인사하기, 조직과 관계 속에서 갑과 을이 지배하고 복종하지 않고 행복하게 살아가는 방법 이야기로 안내한다.

제6장, 청렴한 조직문화 만들기

공직자는 부패머리가 없어야 한다. 청렴할 수 없는 사람은 공직자가 되면 안 된다. 그래서 청렴한 공직자가 채용되고, 채용 시에도 부패할 수 있는 공직자는 가려내야 한다. 그리고 청렴한 공직자와 조직 문화를 만들기 위한 청렴교육과 청렴도 높이기, 적극행정, 갑질과 직장 내 괴롭힘 방지를 통해 청렴한 조직문화를 만드는 이야기다.

청렴하게 살아가기는 어려운 것 같지만 쉽다. 우리가 잘못 알고 있는 청렴의 편견을 깨면 너와 나 그리고 우리가 생활 속에서 생각하고 말하고 행하는 것이 청렴이다. 또한 부패하지 않기 위해서 청렴감수성을 높이는 것이다.

책 제목을 『**너 나 청렴**하세요』는 너나 청렴하라는 핀잔을 주는 불편한 청렴이 아니라, 너와 내가 편안하게 함께 청렴하자는 의미이다.
이 글을 통해 너와 나, 모두가 함께 청렴감수성을 가지고 청렴해서 행복한 세상을 만드는데 좋은 메시지를 주고 싶다.

지금부터 **너와나** 모두 함께 **청렴**해 볼까요?

목차

프롤로그 당신은 청렴하시나요?   5

Chapter 1   불편한 청렴에서 편안한 청렴으로

1. 청렴강사로 마주하는 불편한 청렴   14
2. 청렴하면 손해가 되는 세상   20
3. 가까이하기에 불편한 청렴이 된 이유   25
4. 홀대하는 청렴에서 환대하는 청렴으로   30
5. 큰아빠 청렴이 뭐예요? 질문이 던진 깨달음   34
6. 우리 생활 속에 함께하는 청렴이야기   39
7. 불편한 청렴에서 편안한 청렴으로   44

Chapter 2   나도 모르게 하는 '나쁜 특권·관행·갑질·부패'

1. 취하고 중독되는 마약 - 권력   50
2. 권력을 두려워하지 않으면 나도 모르게 하는 4가지 RISK   56
3. RISK-1, 누리지 말아야 할 "나쁜 특권"   62
4. RISK-2, 그래도 되는 '나쁜 관행'   67
5. RISK-3, 본능적으로 하는 '나쁜 갑질'   75
6. RISK-4, 내가 부패를? 나도 모르게 하는 '나쁜 부패'   81
7. 부패한 권력자의 오리발 "난 몰랐어요"   87

Chapter 3 청렴해야 할 사람들을 부패하게 하는 사람들

1. 당신은 청렴(행복)하신가요?(청렴 = 행복 공식)   96
2. 청렴해야 할 '公'자가 들어간 직업을 가진 사람들   101
3. 공인을 부패하게 하는 사람들 TOP-10   107
4. '공사다망' 속에서 공(公)과 사(私) 구분하기   114
5. 착한 선물과 나쁜 선물 구별하기   120
6. 카르텔 부패 속에 낚이고 엮이는 공인들   128
7. 부패의 미끼 '사적이익' 물지 않기   134
8. TOP-10에게 이제는 말해야 한다, 'NO'라고 그리고 우리는 '청렴'하다고   139

Chapter 4 선량한 사람도 부패할 수 있다 (부패에 연루되지 않기)

1. 법을 모르면 부패를 할 수 있다   146
2. 공직자의 부패 감염 예방 백신 '공직자행동강령'   152
3. 세상을 바꾼 '청탁금지법'   160
4. 부패 방지의 끝판왕 '이해충돌방지법'   166
5. 눈먼 나랏돈은 없다, '공공재정환수법'   173
6. 세상을 구하는 '공익신고자보호법'   179
7. 한번 공직자는 끝까지 공정하게 살아야 한다, '공직자윤리법'   185

Chapter 5 너나 청렴하세요

1. 청렴감수성 높이기   **194**
2. 세상을 바꾸는 청렴의 시간 15(세바시 청렴)   **201**
3. 싸가지 있는 청렴한 사람   **207**
4. 인정머리 없는 놈에서 인정머리 있는 사람 되기   **212**
5. 청렴의 봄은 오는가(권력 남용 하지 않기)   **217**
6. 청렴의 봄을 기대했는데 '서울의 봄'이 다시 왔다   **222**
7. 공직자의 세 가지 마음 '공명심' 청렴하게 사용하기   **227**
8. 맑은 아랫물이 부패한 윗물을 맑게 하기   **231**

Chapter 6 청렴한 조직문화 만들기

1. 청렴한 인사(人事)가 만사(萬事)다   **238**
2. 청렴할 수 있는 사람 채용하기   **246**
3. 청렴할 수 없는 사람 채용하지 않기   **252**
4. 지배하지 않는 갑, 복종하지 않는 을로 살아가기   **257**
5. 갑과 을의 동행(同幸) 하기   **262**
6. 공공기관 갑질과 직장 내 괴롭힘 방지 콜라보하기   **267**
7. 덜 청렴한 교육에서 더 청렴한 교육으로   **274**
8. 조직의 청렴 평판 높이기   **280**
9. 적극행정이 청렴이다(적극행정 5가지 방법과 6대 요소)   **286**

에필로그   너 나 청렴하세요
나 하나 청렴되어 세상이 달라지겠냐고 말하지 마라   **293**

Chapter 1

불편한 청렴에서 편안한 청렴으로

1. 청렴강사로 마주하는 불편한 청렴

청렴강사로 살아가면서 늘 불편을 경험한다. 두 가지의 불편이 있는데 청렴강사라는 직업이기 때문에 가지게 되는 불편, 또 하나는 강의를 하러 가서 만나는 사람들의 불편한 마음과 행동들이다. 내가 겪게 되는 불편한 청렴에 대한 이야기다.

청렴! 그런 강사도 있어?

오랜만에 지인들을 만나면 '퇴직하고 뭐하고 살아?' 물어본다. 퇴직하고 뭐 하고 사는지가 궁금한 것이다. 그러면 나의 직업을 이야기한다. '응, 청렴강사.' 그러면 다들 쳐다본다. '청렴강사!' '뭐~ 청렴~ 그런 강사도 있어! 어디서 뭐 하는 건데?' 더 궁금해진다. 나의 답변 '공직자들이 반칙하고 변칙하고 부정한 행동하지 않도록 교육하는 거야…!' 그러면 다시 묻는다. 그게 뭔데…? 나의 답변은 '너희들 지금까지 했던 이야기들… 서로 친구라고 친하다고 공정하지 않은 방법으로 밀어 주고 끌어 주고 그런 거 하지 말라는 거야.' 이 말에 모임 분위기가 갑자기 싸해진다. 친구들이 불편한 눈으로 나를 쳐다보며 나는 어느새 왕따가 되어있다. 조금 있다가 불쌍한지 또 물어본다. 안쓰러운 표정으로 '그런데, 청렴강사 해서 밥벌이는 되냐?'고, 친구들을 만날 때마다 이런 불편한 질문과 상황이 발생한다. 친구들을 만나서 나의 직업인 청렴을 말할 때 불편하다.

사랑하는 아내도 청렴을 불편해한다

또 불편한 사건이 있었다. 2021년 코로나 시기에 퇴직과 동시에 청렴강사로 시작을 했을 때 '청렴마스크' 사건이다. 청렴강사이니까 당연히 청렴을 홍보하고 청렴강의 가서 강의를 잘 들으시는 분들에게 마스크를 선물하려고 '청렴한 세상' 로그가 크게 새겨진 '청렴마스크'를 대량 주문했다. 주문한 청렴마스크가 도착하자마자 설레는 마음으로 뜯어서 하나를 써보니 너무 맘에 들었다. 마스크 한쪽에 '청렴 마크'가 크게 새겨져 있어서 너무 좋았다. 마스크 하나를 착용하고 외출을 나가려고 하는데 아내가 불렀다. 여보 어디 가?, 엉, 한 바퀴 운동 좀 하고 오려고, 아내가 다시 부른다. 여보! 마스크 바꿔 써! 바꿔 쓰라고 하는 것이다. 왜! 물었더니, '사람들이 이상하게 생각해.'라고 바꿔 쓰라고 하는 것이다. 나는 '뭐가 이상해. 청렴강사가 청렴마스크 쓰고 다니는데. 나갔다 올게!', 하고 나가려고 하는데 큰소리로 '여보, 바꿔 쓰라고!' 화를 낸다. 이어서 '사람들이 또라이라고 해!'. 그날 난 결국 청렴마스크를 바꿔 쓰고 나갔다. 혼자 걸으면서 불편했다. 청렴강사가 청렴마스크 쓰는데 왜 불편할까! 청렴강사의 아내도 청렴이 불편한 것이다.

청렴교육 강의장에서 만나는 공직자들이 불편하다

청렴교육강사로 공공기관에 청렴교육을 가게 되면 마주하게되는 불편함이다. 청렴교육을 가게 되면 가급적 30분 이전에 도착하여 강의 준비를 하고 앉아서 시작 시간을 기다린다. 시간이 되면 강의를 들으러 공직자들이 한 분, 두 분 들어온다. 그런데 그 큰 강당에 오는 순서대로 맨 뒤에 있는 보이지 않는 자리부터 차례대로 앉는다. 또 어떤 공직자들은 작정을 하고 온다. 어떤 작정일까? 취침을 작정하고, 노트북을 가져와 일하기를 작정하고, 어떤 분들은 스마트폰하고 쉬는 시간이다. 청렴교육강사로서 강의를 시작 전에 늘 느끼는 불편한 모습들이다.

왜~ 청렴교육을 받으러 오시는 분들은 이렇게 청렴강사와 가급적 멀리, 안 보이는 곳에 앉아서 휴식을 취하고 청렴교육에 임하지 않으려고 하는 것일까? 그 이유는 3가지다. 재미없는 청렴교육, 청렴의무교육에 대한 불만, 청렴이 불편한 사람들이다.

① 재미없는 청렴교육

청렴교육은 재미가 없을 수밖에 없다. 청렴교육은 공직자들에게 '하지 말라.', '혼난다.' 이야기들이다. 반부패법령의 조항의 대부분은 주체가 공직자로 "공직자는 ○○○해서는 아니된다."가 기본 구조이다. 그래서 강의간 '하면 안 된다.', '하면 벌받는다.' 부정적인 이야기와 함께 겁을 주는 이야기다. 이 재미없는 교육을 매년 2시간을 의무적으로 들어야 하기에 힘들게 피동적으로 앉아 있는 자체가 불편한 것이다.

② '나는 청렴교육을 안 받아도 된다.'라고 생각하시는 분들이다

  나는 이미 청렴함은 물론이요. 내가 청렴할 것도 없는데 청렴교육을 받아야 한다는 생각이다. 이분들은 업무에 바빠 죽겠는데 청렴교육을 받는 것이 시간이 아깝다고 생각하는 분들이다. 이분들은 직급이 낮은 분이거나 권한이 없는 하급공직자 분들이 많다. 이분들의 불만은 청렴해야 할 사람들에 대한 불만도 함께한다. 정작 청렴해야 할 해당 기관의 기관장님과 고위공직자들은 바쁘다는 핑계로 참석을 하지 않고 힘없고 권한이 낮은 청렴하지 않아도 되는 하급자들에게만 청렴교육을 강요한다는 데서 불만이 더 크다.

③ '청렴이야기가 불편한 분들이다.'

  가끔 강의를 하다 보면 청렴교육에 불편함을 느끼시는 분들을 표정으로 읽을 수 있다. 이분들은 어떠한 분들일까? 청렴교육 내용에 자신의 이야기가 나오기 때문이다. 혹시, 내 이야기를 하는 것은 아닐까! 이런 분 중에는 높은 직위에 계시는 분들이 많다. 공공기관에 청렴교육을 가게 되면 큰 기관은 고위공직자들만 별도로 교육을 받기도 하지만, 모든 공직자들이 함께 교육을 받을 때도 있다. 이때 기관장님이 하게 되는 세 가지 패턴이 있다. 첫 번째는 강의 시작 전에 강단에 올라오셔서 청렴이 중요하다고 강조만 하고 바쁘다고 청렴강의를 듣지 않고 강의장을 나가시는 기관장님, 두 번째는 강의를 들으시다가 나가시는 기관장님, 이런 분들은 대부분 20분 내에 전화를 받으시거나 비서관이 조용히 와서 귓속말로 전달을 받으시고 급히 강의장 밖으로 퇴장을 하신 후 기다려도 안 들어오신다. 세 번째는 가끔은 청렴을 즐기시는 기관장님들도 있다. 강의장 맨 앞에서

강사와 마주하며 직원들에게 청렴한 자신의 뒤통수를 보여 주며 강의를 끝까지 들어 주고 박수 쳐 주고 함께하시는 분들이다. 이 세 분들 중 앞에 두 분은 청렴이 불편한 분들이다. 청렴하신 분은 직원들과 함께 맨 앞에서 청렴교육을 끝까지 받고 있는 청렴하신 기관장님이다. 박수를 쳐 드린다.

어떤 이유든 청렴교육강사는 불편한 청렴을 불편하지 않은 청렴교육으로 만들어 나가야 한다. 재미있고, 들을 만하고, 들으면 피와 살이 되는 도움이 되는 청렴교육을 해야 한다. 뒤에서 다양한 청렴교육방법도 소개를 하겠지만 이제 청렴교육에 대한 피로감을 느끼는 공직자들에게 주입식, 강의식, 전달로 끝나는 청렴교육이 아닌 청렴의 가치를 고민하고 느낄 수 있는 청렴교육방법이 필요하다. 청렴해서 청렴교육을 안 받아도 된다고 생각하시는 분들에게는 청렴이라는 가치에 대해 다시 생각할 수 있는 기회를 드려야 하고, 지위가 높고 낮음, 권한이 많고 적음을 떠나서 공직자이면 당연하고, 공직자가 아니더라도 모두가 청렴의 가치를 배우고 느끼고 행동해야 하는 것을 느낄 수 있는 교육이 되어야 한다. 특히 앞에서 청렴이야기가 불편할 수 있는 기관장님과 고위공직자들은 청렴교육에 있어 가장 중요한 역할을 하시는 분들이다. 이분들은 강의장의 맨 앞에서 뒤통수가 가렵지만 기관의 모든 하급자들이 보고 있는 가운데 청렴교육을 성실하게 받는 것만으로도 지켜보는 하급공직자들에게는 청렴교육의 효과와 실천이 전달이 된다. 또한 오늘 듣고 있는 강의 내용에 대해 모든 직원들과 청렴의 약속을 하는 것이다.

나는 청렴교육강사로 살아가며 나의 직업에 너무나 만족하고 행복하다. 그래서 청렴강사 직업으로 인해 친구들을 만날 때도, 강의장에서도 만남 간에도 불편하고 싶지 않다.

불편하지 않은 청렴이 편안한 세상이 되면 좋겠다.
"염자(廉者)는 안렴(安廉)하고 지자(智者)는 이렴(利廉)"

2. 청렴하면 손해가 되는 세상

　청렴강사로 살아가면서 마주하는 불편은 우리 세상이 청렴을 불편하게 생각하기 때문이다. 청렴한 사람이 인정받고 칭찬받는 세상이 아니다. 나는 청렴하다고 말하고, 청렴을 자랑하면 왕따를 당할 수 있다. 그럼에도 불구하고 다산 정약용 선생은 목민심서에서 율기(律己)편에서 "염자(廉者)는 안렴(安廉)하고 지자(智者)는 이렴(利廉)이니라."라고 했다. 직역을 하면 '청렴한 자는 청렴함을 편안하게 생각하고 지혜로운 자는 청렴함을 이롭게 여긴다.'는 뜻이다. 이 말을 들은 제자가 정약용 선생님에게 묻는다 '선생님, 청렴이 어떤 이익이 되는지 자세히 설명 좀 해 주세요.' 그랬더니 정약용 선생은 '욕심이 큰 사람은 반드시 청렴하려고 한다.'고 말씀하시면서 '나라를 위해 큰 역할을 하고 싶은 욕심이 있다면 반드시 청렴해야 한다.'라고 하셨다고 한다.

　'지혜로운 자는 청렴함을 이롭게 여긴다.'라고 하는데 지금까지 우리 사회는 청렴함이 이롭지 못하다. 청렴하면 가난해지고, 청렴하면 왕따를 당했다. 너무 청렴해서 깨끗하면 다른 사람과 어울리지 못한다고 하며 청렴이 이롭지 않다고 생각하며 자신의 지위와 역할 속에서 적당한 기회를 만들고 기회를 이용하여 적당한 반칙과 변칙은 문제가 되지 않고 적당한 이익은 괜찮다고 생각했다. '욕심이 큰 사람은 대부분 청렴하지 않았다.' 아니, 청렴하지 않아야 큰 욕심을 채울 수 있는 대한민국이었다.

청렴하지 않아도 큰 장사를 할 수 있었던 세상

고위공직자가 되려면 국회 청문회를 하게 된다. 선거에 청문회에 출전하는 사람들은 지금까지 살아온 모든 스펙과 역량을 가지고 '천하의 큰 장사'인 고위공직자를 하기 위해 자격을 검증받게 된다. 이 자리에 오기까지 얼마나 열심히 살아왔을까. 다른 어떤 사람들보다 더 열심히 공부도 했고, 공직에서 다양한 경험을 하며 국가와 사회를 위해 열심히 살아왔다. 이제 의원이 되고 장관이 되고 고위공직자가 될 자격이 당연히 있다고 추천을 받아 후보자의 자격으로 청문회 자리에 앉는다. 이 똑똑하고 능력이 있는 사람들이 청문회만 오게 되면 왜! 바보가 되고 비굴해질까! '잘 기억이 안 납니다. 저는 잘 모르겠습니다. 배우자가 알아서 해서…. 또 그때는 그럴 수밖에 없었습니다. 그때는 다 그랬습니다.' 지금까지 살아오면서 살아왔던 발자국 속에서 반칙과 변칙과 부정한 행위들에 대한 의혹들이 탈탈 털리고 부패의 먼지가 날린다. 이 의혹에 부끄러움보다는 오리발을 내밀고, 남들도 다 그렇다는 식으로 넘어갔다. 결국 청문회는 통과가 된다. 청문회는 그냥 의례일 뿐이었다. 그리고 '천하의 큰 장사'인 장관이 되고 고위공직자가 되어서 나라의 이끄는 지도자로서 청렴한 척 당당하게 행동한다. 정약용 선생이 '지자이렴', 천하의 큰 장사(고위공직자)를 하기 위해서는 청렴해야 한다고 했는데, 청렴하지 않아도 고위공직자가 되고, 청렴하지 않은 자들이 더 많이 천하의 큰 장사를 한다.

청렴하지 않으면 큰 장사를 할 수 없는 세상

그러나 언제부터인가 세상이 점점 투명해지고 청렴해지면서 정약용 선생님의 말씀 '지자이렴'이 되는 사회가 되고 있다. 이제는 지난날 과거 속에서 청렴하지 않은 고위공직자 후보자들이 청문회에서 '잘 기억이 안 납니다. 잘 모르겠다. 내가 한 것이 아니다.'라고 해도 국민은 이제 속지 않고 믿지 않고, 용서를 하지 않는다. 후보자 자신의 행위뿐만 아니라 자신의 배우자, 자녀와 친한 사람들 관계 속에서 윤리적인 문제가 있다면 후보자에서 스스로 사퇴를 해야 하는 시대가 되었다. 이제는 제아무리 똑똑하고 역량을 가지고 있다고 할지라도 지난날 과거 속에서 자신뿐만 아니라 자신과 관련된 사람들이 반칙하고 변칙하고 부정하고 부패했던 청렴하지 못한 행위가 있다면 천하의 큰 장사인 고위공직자를 해 먹을 수 없는 '지자이렴'의 시대가 된 것이다.

그럼에도 불구하고 아직까지 '지자이렴'이 적용되지 않는 고위공직자들이 있다. 청문회를 거치지 않는 공직자들과 선출직 공직자들이다. 선출직 공직자들은 국민으로부터 선택을 받는다고 하지만 '반칙과 변칙과 부패와 윤리적이지 못한 행위를 넘어 법을 어기고 범죄행위를 한 청렴하지 않은 사람들이 수두룩하다. 22대 총선 예비후보자 등록이 되었는데 이 가운데 전과자가 37.8%, 10명 중 4명꼴이다. 음주운전자가 가장 많고 재범은

열 명이 넘고, 전과 3범, 4범도 여럿이라고 한다.

　우리 국민들은 법을 무시하고 법을 지키지 못하는 청렴하지 못한 사람들을 늘 선택해 왔다. 선택받은 그들은 그동안 범죄행위에 면죄부를 받고 국회의원, 지방의회 의원이라는 권력을 가지고 있다. 국민의 대표라는 뱃지를 달고 권력을 쉽게 남용하고 있다. '지자이렴'가 아닌 '권자이부'(권력을 가지고 싶으면 부패를 이롭게 여긴다.)세상인 것이다.

청렴한 사람 선택하기

　국민들은 청렴한 사회와 청렴한 나라를 원한다. 그런데 정작 찍은 사람은 청렴하지 않은 사람에게 도장을 찍게 된다. 그 이유는 아직 우리사회에 '지자이렴'의 가치가 모든 국민들에게 까지 인식이 되지 않았기 때문이다. 청렴해야 하는데 그들의 교언영색에 나의 생각과 이익이 눈과 귀를 가리고 내가 원하는 청렴이 아닌, 청렴하지 않은 정치인을 선택해 왔다.

　이제 청문회에 앉는 고위공직자는 물론, 선출직 공직자는 당연하고, 일반 모든 공직자와 일반인 모두가 청렴함을 이롭게 여기는 정약용 선생님의 '지자이렴'이 당연한 진리로 자리 잡아야 한다. 청렴하지 않은 사람은 해로움을 받을 수 있도록 해야 한다. 청렴하지 않은 사람은 뽑지 말아야 한다. 이런 사람들은 국민이 위임한 권력을 자신과 자신의 이해관계자의 이익을 도모하는 부패를 늘 해 왔고, 할 가능성이 매우 크기 때문이다.

정약용 선생의 "천하의 큰 장사를 하기 위해서는 반드시 청렴해야 한다."를 마음속에 새기지 않으면 이제는 천하의 큰 장사를 할 수 없다. 천하의 큰 장사를 하기 위해 살아가는 모든 사람의 가슴속에 '지자이렴'의 글자를 새겨야 한다.

'지자이렴(智者利廉)'하면 '천하의 큰 장사'를 할 수 있다.
지자이렴이 되는 세상을 위해
청렴이 이로운 세상을 만들어야 한다.

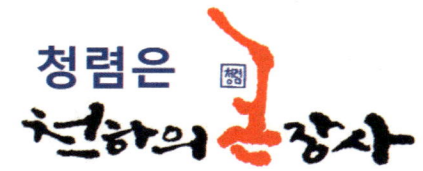

3. 가까이하기에 불편한 청렴이 된 이유

앞에서 천하의 큰 장사를 하려면 청렴해야 한다, 지자이렴이라고 했는데 당신은 청렴하나요? 당신은 청렴과 가까이하고 있나요? 이런 질문을 받는다면 어떠한 답변이 나올까?

어제 뉴스를 보니 새로 임용된 지 1주밖에 안 된 공무원이 SNS에 글을 올렸는데 난리가 났다. 또 주기적으로 올라오는 공무원들이 시간외 근무를 하지 않고 허위로 부정하게 받았다는 뉴스에 국민들이 공분을 한다. 또 은행에서 은행원이 횡령을 하고, 기업에서 회사원이 주가를 조작하는 일반사회에서 사기 사건들에 대한 이야기가 사회를 들썩이게 한다.

이 세 가지의 사건에서 댓글이 가장 많은 사건은 어떤 것일까? 가장 댓글이 많은 사건은 1번, 공직자들의 부정행위에 대한 것이고 2번은 공공성을 띤 기관에서 부정행위고, 마지막으로 일반인들의 부정행위이다. 그런데, 이 중에 가장 부정한 돈의 액수가 많고 질이 나쁜 부정행위를 한 사람은 1번인 공직자가 아닌 몇십억, 몇백억의 부정행위로 수많은 일반 국민들에게 사기를 친 은행원과 회사원이다. 그런데 공무원은 SNS에 업무시간에 잠시 카페에 갔던 사진 한 장과 1년간 시간외 근무수당 부정수급액 불과 80만 원밖에 안 되는데 뉴스에 나고 국민들은 공직자의 행위에 공분을 하고, 공공기관장이 사과를 하고, 글을 올린 공직자는 감사를 받고, 징계를 받는다. 국민들은 공직자에 대해 매우 엄격하다. 공직자의 작은 일탈에도 용서하지 않는다. 민감하게 반응하며 화를 내고, 질타를 하고 청렴하지 못함을 나무란다.

이렇게 국민들은 부패에 민감하고 청렴을 요구한다. 청렴하지 못한 공직자에 대해 나무라는 것은 청렴이 좋다는 것을 아는 것이다. 청렴해야 우리사회가 건전하고 투명하여 행복할 수 있다고 생각하는 것이다.
공직자들은 청렴에 대한 생각은 어떨까? 공직자들은 청렴을 더 원한다. 공공기관에 가게 되면 출입문에 '청렴한 세상 로그'와 "우리는 청렴합니다." 표어 등이 계단과 곳곳에 붙어 있다. 국민도 공직자도 청렴은 가장 중요한 가치다.

가까이 있지만 불편한 청렴

그러면 국민과 공직자들은 청렴과 친하게 가까이 지내고 있을까? 답은 그렇지 않다. 많은 사람들이 공직자와 타인의 청렴하지 못한 부정행위에 분노하면서도 자신은 청렴과 가까이하지 않는다. 왜냐하면 청렴은 가까이하기엔 너무나 먼 당신=청렴이기 때문이다. '당신은 누구시길래~ 가까이하기엔 너무 먼 당신을 난 잊을테요.' 이광조 가수의 노랫말이 생각난다. 청렴이 무엇이기에 이렇게, 가까이하기엔 너무 먼 청렴일까!

청렴교육강사로서 늘 가까이 있지만 너무 먼 청렴이 불편했다. 청렴강사로서 강의를 통해 청렴과 가까이하려 하지만 가까이 가려고 하면 할수록 표정과 몸짓에서 한 발자국 더 멀어지는 기분이다.

그렇지만, 가까이하기엔 너무 먼 청렴을 가까이할 수 있는 청렴으로 만드는 것이 청렴강사로서 살아가는 나의 목적이자 사명이다. 공직자의 삶을 마치고 퇴직 후 4년간 청렴강의를 하면서 왜 청렴을 사람들은 불편해 할까?라는 질문과 이유에 대해 늘 생각해왔다. 나름대로 가까이하기 싫은 이유를 생각해 보았다. 사람들이 청렴과 가까이하기 불편해하는 이유는 사람들이 살아가면서 다른 사람과 가까이하고 싶지 않은 이유와 같다.

그 이유를 예를 들면 첫 번째로 그 사람과 나의 위치의 차이가 너무 커서 어울리기 힘든 사람들이다. 그 사람의 만남이 부담스러운 경우이다. 두 번째는 나에게 도움이 안 되는 사람들이다. 그 사람들과 생각도 가치관도 다르고 너무 나와 맞지 않는 사람들이다. 과거의 경험 속에서도 그런 사람들을 경험을 했었는데 다시는 가까이하기 싫은 나에게 있어서는 나쁜 사람들이다. 세 번째는 그 사람에 대해 잘 몰랐을 때이다. 가까이하고 싶어도 그 사람들은 어떤 사람인지 모르기 때문에 함께하고 싶지만 가까이할 수 없는 사람들이다. 네 번째는 나쁜 선입견과 편견이 있어서 가까이하기에 싫은 사람들이다. 그냥 가까이하기 싫은 사람들이다.

청렴이 불편한 이유

청렴을 가까이하기 싫은 이유도 사람이 다른 사람을 가까이할 수 없는 이유와 같다. 청렴을 편안하게 생각하고 좋아하고 가까이하고 싶지 않은 이유들이다.

① 너무나 높은 맑은 청렴의 의미, 고결함의 불편이다
청렴한 사람을 '성품과 행실이 높고 맑으며 탐욕이 없는 사람'이라는 너무나 높은 가치와 고결함을 가지고 살아가는 사람이라고 생각하는 것이다. 그런 사람이 어디 있겠는가!, 이런 청렴한 사람이 되라고 하는 것 자체에서 숨이 막힌다.

② 청렴을 손해라고 생각하는 사람들이다
우리는 청렴하면 생각나는 것이 '청백리'다. 우리가 역사 속에 배웠던 청백리는 가난해야 하고 결백해야 하는 것이다. 결백은 독야청청이다. 남들이 어떻든 나만 청렴하면 된다. 바로, 현대시대 왕따다. 가난할 수 있고 왕따를 당할 수 있는 청렴을 거부한다. 청렴이 밥 먹여 주냐, 청렴은 개나 줘라. 청렴의 반대 행위인 부패를 좋아하는 사람들이다.

③ 청렴을 잘 모르는 사람들이다
청렴하고 싶지만, 성품과 행실이 높고 맑으면 탐욕을 없애라고 하는데 이게 무슨 뜻인지, 뭘 어떻게 해야 할지 모르겠고, 성품과 행실은 얼마나 높아야 하지, 얼마나 맑아야 하는 거야, 욕심은 어디까지 없어야 하는지

도저히 모르는 경우로, 청렴하려고 해도 기준과 어떻게 해야 할지 막막한 사람들이다.

④ 청렴에 대한 고정관념화된 선입견과 편견이다

앞에서 이야기했던 청렴에 대한 불편, 손해, 가난, 왕따와 같은 선입견과 편견이 청렴과 가까이하기에 어렵게 만든다.

가까이하고 싶은 편안한 청렴한 세상 만들기

내가 청렴강의를 하고 이 책을 쓰는 가장 큰 목적은 가까이할 수 없는 불편한 청렴을 어떻게 하면 가까이할 수 있을지 안내하는 것이다. 모두가 청렴이 불편하지 않고 가까이서 함께하는 세상을 만들고 싶다. 청렴한 사람이 인정받고, 청렴한 사람이 칭찬받고, 청렴한 사람이 승진하고, 청렴한 사람이 선택이 되고, 청렴한 사람이 대박이 나고, 청렴한 사람이 천하의 큰 장사 하는 세상, 그래서 청렴을 가까이하는, 청렴이 편한 사람들과 세상을 만드는 것이다.

가까이할 수 없는 부담스러운 청렴의 원인을 알았다면 이제원인을 제거하고 부담스럽지 않게 다가갈 수 있을 것이다.

4. 홀대하는 청렴에서 환대하는 청렴으로

청렴강사로 공공기관을 방문하면 건물 입구에서부터 가장 먼저 마주하는 단어가 있다. '청렴'이다. 들어가는 출입문 창문에도, 처마에도, 1층에서 2층, 2층에서 3층 힘겹게 올라가는 한 계단 한 계단 사이에 청렴에 대한 표어가 쓰여 있다. 대단한 청렴의 의지이다. 어느 기관에선가는 화장실에서 앉아서 용변을 보는데 앞에 '청렴한 우리'라는 표어가 붙어 있어서 용변을 보면서 불편한 분들이 있겠구나! 혼자 웃어 본 적도 있다.

공직자의 제일의 가치 '청렴' 그러나 홀대당하는 '청렴'

이렇게 공공기관과 이곳에서 근무하는 공직자들의 제일의 가치는 '청렴'이다. 그럼에도 그곳에 근무하며 오가는 사람들은 청렴에 무심하다. 그냥 벽에 창에 붙어 있는 의례적인 '부적'이라고 할까! 매일 건물의 문을 열고 닫으며 손잡이 위에 붙어 있는 청렴을 보지만 마음으로 청렴은 보이지도 느껴지지도 않는다. 보여도 의미가 부여되지 않는다. 그렇게 중요하다고 곳곳에 붙여 놓은 청렴이 왜 이렇게 푸대접을 받고 있는 것일까? 청렴강사로 공공기관을 방문할 때마다 '청렴'이 존중을 받지 못하는 느낌을 받을 때마다 늘 불편한 마음으로 그 이유를 고민을 해 오다가, 그 이유를 알았다. "청렴은 너무 어렵고 힘든 것"이라는 사실을 알게 되었다.

청렴하기에 너무 어렵고 힘든 청렴

청렴은 너무 어렵고 힘들다. 청렴해야 하기는 한데 청렴은 도저히 해낼 수 없는 것이다. '청렴'하기 엄두가 나지 않는다. 그래서 "청렴할 수 없는 나"라는 것을 공직자들은 알고 있다. 청렴하기가 왜 어려울까? 그 이유는 우리가 어려서부터 배웠던 조선시대 청백리와 국어사전에 나와 있는 청렴이 우리 가슴속에 청렴의 기준은 자리 잡고 있기 때문이다. 청렴은 좋아하지만 비가 줄줄 새는 집에서 닳은 옷을 입고 가난하게 청빈하게 살아야 하는 불편함이 있다. 또 청렴한 사람이 되기 위해서는 국어사전에 나와 있는 '성품과 행실이 높고 맑으며 탐욕이 없는 행동'을 해야 한다.

국어사전의 '성품과 행실이 높고 맑으면 탐욕이 없는 사람'의 의미를 더 살펴보면, 청렴한 사람이 되기 위해서는 첫 번째로 높은 **'성품'을 가져야 한다.** 성품(性品)이란 국어사전에 '사람의 성질이나 됨됨이', '개별 존재가 본래 갖추고 있는 성질 즉 본성(本性)'이라고 하는데 이것들을 높여야 한다. 두 번째로는 **'행실'을 맑게 해야 한다.** 행실은 '실제로 드러나는 행동'으로 말과 행동으로 드러남에 있어서 맑게 해야 한다고 한다. 맑다는 것은 더 얼마나 맑아야 할지도 어렵다. 마지막으로 **'탐욕'이 없어야 한다.** 탐욕은 '지나치게 탐하는 욕심'으로 자신이 좋아하는 대상을 갖고 싶어 하고 또 구하는 마음'이다. 욕심과 자신이 좋아하고 싶은 것들을 하지 말라고 한다. 국어사전의 청렴의 의미를 살펴보는 것만으로도 청렴은 어렵다. 누구라도 이런 사람이 되라고 하면 가슴이 답답해져 올 것 같다.

'당신은 청렴하신가요?'

청렴강의 중에 가끔 공직자들에게 물어본다. '선생님은 청렴하신가요?' 당황해하기도 하시고 애써 웃으시면서 고민도 하고 불편해하는 표정이 역력하다. 그 옆에 분에게 묻는다. 역시 마찬가지다. 왜 이 좋은 청렴을 불편해하실까! 반대로 '강사님은 청렴합니까?'라는 질문을 한다면 나 또한 불편할 것이다.

우리가 아는 청렴은 일반 보통 사람들이 할 수 없는 것이다. 이런 청렴은 예수님, 부처님, 성철스님, 김수환 추기경님 등 성인들만 할 수 있다. 청렴한 사람이 되기 위해서는 모든 것을 버리고 속세를 끊고 살아갈 수 있는 '성인'이 되어야 한다.

그래서 청렴하고는 싶지만 '聖人' 같은 삶은 거부하고 싶은 것이다. 성인으로 살아갈 자신도 없고, 원하지도 않는 삶이기 때문이다.

또한 성품과 행실의 높음은 어디까지이고 탐욕은 기준은 어느 선까지를 맞추어야 할지 '청렴'이라는 말은 너무 개념적이고 관념적이고 뜬구름 잡는 불편한 '단어'일 수밖에 없다. 아무리 청렴한 사람도 '나는 청렴합니다.'라고 말할 수 없을 것이다.

매일 출근할 때마다 계단을 오를 때마다, 사무실을 들어갈 때마다 보이는 거룩한 청렴에 불편하고. 애써 청렴을 보고도 못 본 체하고 청렴을 보고도 무감각해져 버렸다.

내가 할 수 없는 '청렴' 나와 상관없는 '청렴'이 되어 버린 것이다.
이러한 청렴을 강요받으며 문을 열고 닫으며 우리는 매일 마주하며 살아가면서도 청렴은 나와 상관이 없는, 내가 할 수 있는 것이 아닌 것이기에 불편한 청렴이 되어 애써 무시하고 외면하고 있는 것이다.

홀대하는 청렴이 아닌 환대하는 청렴이 되어야 한다

청렴교육강사로서 '청렴'이 무시를 당할 때마다 속상하다. 그래서 '청렴할 수 없는 청렴'에서 '청렴할 수 있는 청렴'으로 바꿔야겠다는 생각을 하게 되었다. 청렴을 애써 홀대할 수밖에 없는 이유는 거룩한 성인들이나 할 수 있는 어렵고 힘든 청렴이 아니어야 한다. 일반적인 사람도 할 수 있는 청렴으로, 개념적이고 관념적인 뜬구름 잡는 청렴에서 눈에 보이는, 손에 잡히는, 몸으로 행할 수 있는 청렴으로 만들어야 한다.

'청렴할 수 없는 청렴'에서 '청렴할 수 있는 청렴' 만들기
청렴이 불쌍하다. 청렴이 환대받아야 한다.

Chapter 1 불편한 청렴에서 편안한 청렴으로

5. 큰아빠 청렴이 뭐예요?
　　질문이 던진 깨달음

    청렴교육강사(정식명칭은 국민권익위원회 청렴연수원 등록 청렴교육전문강사)가 되고 나서 혼쭐이 난 적이 있다. 그것도 초등학교 3학년 조카의 질문을 받고 나는 충격을 받았고, 그 덕분에 청렴이라는 가치에 대해 더 고민하며 청렴강의를 하고 지금 이렇게 청렴이라는 이야기로 글을 쓰고 있다.

초등학교 조카에게 '청렴'을 설명할 수 없는 대한민국 청렴교육강사

    사연은 청렴교육강사가 되고 나서 가족모임에서 발생했다. 청렴연수원에서 시행하는 청렴교육전문강사 시험(반부패 법령)에서 어렵게 재수를 하여 청렴교육강사가 되고 난 후 가족 모임에서 자랑을 한 것이다. '저 이번에 제가 국민권익위원회 청렴교육강사가 됐어요.' 이 말을 하자마자 듣고 있던 초등학교 3학년 조카가 질문을 했다. '큰아빠, 청렴이 뭐예요?' 돌발 질문을 받았지만, 내가 누군데, 대한민국 청렴강사인데…. 자신만만하게 청렴강사가 되기 위해 시험을 보기 위해 달달 암기를 하였던 청렴을 설명했다. '조카야! 청렴은 말이야, 성품과 행실이 높고 맑으며…' 여기까지 청렴의 정의를 또박또박하게 말하며 조카의 눈을 바라보는 순간 더 이상 설명을 할 수 없었다. 나를 쳐다보고 있는 조카의 눈에서 '성품과 행실이 높고 맑으며…'를 들으며 흔들리는 눈빛이 느껴졌기 때문이다. 나는 더 이상 '탐욕이 없는 사람'은 말도 하지 못하고 얼음이 되어 버렸다. '내가 조카에게 무슨 말을 한 거지…!' 나의 모습에 가족들도 내 얼굴과 조카의 얼굴을 쳐다볼 뿐이었다.

이 일로 나는 충격에 빠졌다. 재수까지 하면서 5개 반부패 법령을 다 외울 정도로 열심을 공부하여 대한민국 청렴교육전문강사가 되었다고 자랑을 했는데 초등학교 조카에게도 청렴을 설명할 수 없는 수준이라는 것에 참담했다.

그리고 나서 나는 한동안 청렴강의를 할 수 없었다. 초등학교 조카에게 청렴을 어떻게 설명하지? 우리 가족들에게 청렴이 뭘까? 과연 청렴이란 무엇일까? 청렴이 왜 이렇게 어렵지? 내가 청렴강사가 맞나? 여러 가지 복잡하게 생각을 하면서 청렴에 대한 답을 찾기 위해서 청렴에 관련한 책도 읽고, 유튜브도 보고, 인터넷 검색도 하면서 3개월간을 보냈다.

조카야, 청렴은 '바른생활'이야

그러던 어느 날, 청렴을 찾았다. 인터넷 검색으로 여러 자료를 보다가 발견한 초등학교 옛날 교과서를 본 것이다. '바른생활' 교과서! 나는 고대 그리스 철학자, 수학자, 천문학자, 물리학자 겸 공학자였던 아르키메데스가 목욕을 하던 중 욕조에 들어가서 욕조의 물이 넘쳤을 유레카(Eureka)를 외쳤던 것처럼 '찾았다!' 소리를 질렀다. 초등학교 조카에게 가족들에게 알아듣게 설명해 줄 수 있는 청렴을 찾은 것이다. "조카야, 청렴은 말이야. '바른생활'이야. 조카가 매일 아침에 일어나 학교 갈 때 건널목에서 신호등을 지키고, 차례를 지키고, 친구들과 약속을 잘 지키고, 정직한 생활이 바로 청렴이란다." 충격의 사건이 있은 3개월 후에 조카에게 청렴을 설명을 해 줄 수 있었다.

청렴이 뭐예요?

이후 강의 간 '청렴이 뭐예요?' 주제로 강의를 한다. 강의를 들으시는 분들에게 가끔 질문을 한다. '여러분은 청렴이 뭐라고 생각하세요? 여러분에게 청렴은 ○○이다.' 각자 생각하시는 청렴이 무엇인지 말씀해 주시면 좋겠습니다. 답변은 '맑은 것이다', '성품이 높은 것이다.', '투명한 것이다', '탐욕이 없는 것이다' 예상했던 답변들이 나온다. 앞서 청렴에 '청렴할 수 없는 청렴'을 우리는 청렴으로 생각하고 있는 것이다. 이 청렴을 실천하기 위해 성품과 행실은 얼마나 높고 맑아야 할지, 욕심은 얼마나 없어야 하는 것이지 생각만 해도 머리가 아파진다.

바른생활 청렴은 초등학교 조카와 같은 어린아이들에게만 해당되는 것이 아니다. 우리 생활 속에서도 매일매일 실천해야 하는 바른생활 청렴이다.

그렇다면 여러분은 하루에 몇 번의 청렴을 하고 있나요? 질문을 해 본다. 앞서 질문에서는 청렴이 너무 높고 맑고, 탐욕이 없는 개념적이고 관념적이다 보니 내가 청렴하고 있는지를 말할 수 없었지만, 청렴의 개념이 '바른생활'로 인식된 이후에는 강의를 듣는 지금도 청렴하고 있고, 하루 생활 속에 수없이 많은 청렴을 실천하고 있다는 것을 발견할 수 있게 된다.

생활 속 나의 청렴 발견하기

이 사건 이후 나는 강사로서 청렴강의를 하면서 청렴의 가치를 새롭게 인식하게 하려고 다양한 청렴이야기를 해 드린다. 청렴에 대한 인식 대전환이 이루어진다. '자, 이제부터 오늘 청렴했던 일들과 청렴하지 못했던 일들을 생각해 보고 나누는 시간을 갖겠습니다. 옆 동료들과 이야기를 한 번 해 보세요.' 모든 공직자들이 자신이 오늘 직장에 출근하면서 사무실에서 업무를 하면서, 민원인을 만나면서 동료와의 관계 속에서 다양한 생활 속에서 자신의 바른생활을 했던 일들과 바름이 부족했던 일들을 생각해 보고 나누게 된다. 얼마나 많은 청렴의 이야기가 있을까! 무한하다.

이렇게 청렴의 개념을 '바른생활'로 바꾸니 우리는 모두 청렴하게 되는 것이다. 이제 청렴은 먼 곳에 있는 것이 아니다. 청렴할 수 없는 것이 아니다. 매일매일 해 왔기 때문에 불편하지도 않게 된 것이다.

지금은 고등학생이 되어 버린 조카의 그때 '큰아빠, 청렴이 뭐예요?' 질문에 늘 감사한다. 조카가 이 질문을 하지 않았다면 나는 지금도 청렴한 사람 '성품과 행실이 높고 맑으며 탐욕이 없는 사람'이 되라고 외쳤을 것이다.

'청렴은 바른생활이다.'

지난날 가졌던 가까이하기에 너무 먼 청렴, 부담스러웠던 청렴, 청렴할 수 없는 청렴, 불편한 청렴을 바른생활로 바꾸니 너와 내가 매일매일 청렴을 실천하고 나누고 함께하며 살아가고 있다는 것을 알게 된 것이다.

"청렴이 뭐예요, 한마디에 나는 청렴을 깨달았다."
"청렴은 바른생활이다."

6. 우리 생활 속에 함께하는 청렴이야기

청렴은 바른생활이라는 것을 알았다. 그럼 바른생활은 어떻게 해야 할지도 알아본다.

바른생활을 위한 청렴 6대 덕목

국민권익위원회에서는 청렴을 위한 생활을 청렴 6대 덕목으로 제시하고 있다. 6개의 청렴 덕목은 '공정', '정직', '절제', '배려', '약속', '책임'이다. 그 외에도 바른생활을 위한 덕목은 수십, 수백 가지도 있을 수 있다. 이러한 청렴의 덕목을 실천하는 사람이 청렴한 사람이다.

우리는 이미 청렴의 덕목을 실천하는 바른생활에 익숙해져 있다. 그 대표적인 예가 바로 '안 내면 술래, 가위바위보'다. 가위바위보는 어릴 때 술래잡기, 무궁화꽃이 피었습니다 등 모든 놀이의 처음 시작을 위해서 '가위바위보'를 한다. 놀이뿐만 아니라, 생활 속에서도 우선순위와 이익과 불이익을 선택할 수 없는 상황 속에서 우리는 '가위바위보'를 하게 된다. 우리

집에서도 밥을 맛있게 먹고 설거지를 해야 하는데 눈치를 본다. 이때 '안 내면 술래'를 외치고, '가위바위보' 하면 끝난다. 이때 아내는 열외다. 왜냐하면 이미 저녁을 준비한 수고를 했기 때문에 배려를 한 것이다. '가위바위보' 결과에 따라 설거지 당번이 정해진다. 그런데 이상하게도 매번 가위바위보에서 져서 설거지를 한다, 졌으니까 당연히 설거지를 불만 없이 한다. 그런데 어제도, 그저께도 계속 당번이 되면 '한번 봐줘라. 어제도 내가 했는데' 이때 딸이 '오늘은 이겼지만 제가 할게요.' '땡큐!', 어떤 때는 한판의 가위바위보가 아쉬울 때도 있다. 이때는 삼세판 가위바위보를 한다.

이 외에도 우리 생활 속에는 가위바위보가 없어서는 안 될 도구이다. 만약 '가위바위보'가 없었다면 우리는 수많은 이해충돌 속에서 갈등을 해결하지 못하고 이해관계를 따져야 하는 피로 속에 살아가고 있을 것이다. 가위바위보 덕분에 우리는 청렴하게 살아갈 수 있다.

청렴하게 살아갈 수 있는 이유는 '가위바위보' 속에 청렴의 덕목인 '공정과 정직과 절제와 배려와 약속과 책임'이 들어 있기 때문이다. 가위바위보 속에 포함된 청렴 6대 덕목과 청렴을 살펴보겠다.

누구나 하는 '가위바위보' 청렴

① 가위바위보 청렴은 '공정(公正)'이다

공정의 뜻은 '공평하고 올바름'이다. 가위바위보는 세상에서 가장 공정하다. 나이가 많고 적고 많이 배우고 안 배우고 돈이 많고 적고 권력이 있고 없고 누구의 처지와도 상관없이 한 손의 주먹과 손바닥과 손가락으로 승부를 내고 승복한다. 가장 좋은 것은 가위바위보에 승복한다는 것이다. 물론 여기에 운이라는 것도 포함이 되지만 운은 자신이 감수해야 하는 것으로 받아들이게 한다.

② 가위바위보 청렴은 '정직(正直)'이다

정직은 '마음에 거짓이나 꾸밈이 없이 바르고 곧음'을 뜻한다. 가위바위보를 위해서는 때로는 엄청난 고민을 한다. 상대편을 이기기 위해 마음속에서 가위를 낼까, 주먹을 낼까, 보를 낼까 고민하지만, 결국 자신이 낸 가위 바위와 보는 자신의 마음이자 거짓 없는 행동이 되는 정직한 행위인 것이다.

③ 가위바위보 청렴은 '절제(節制)'다

절제란 '정도를 넘지 않도록 알맞게 조절하여 제한함'을 뜻한다. 절제된 행위이다. 때로는 가위바위보 게임 외에 자신에게 유리한 다른 방법을 통한 선택을 하고 싶어도 다수가 원하는 게임에 동참하는 것이다. 또한 절제하지 못하면 가위바위보를 할 수 없다. 가위바위보를 할 때 '안 내면 술래 가위바위보' 신호에 맞추어 내야지 절제하지 못하고 빨리 내서 지게 되면 자신의 책임이 된다.

④ 가위바위보 청렴은 '배려(配慮)'다

배려란 '도와주거나 보살펴 주려고 마음과 행동'이다. 가위바위보 속에는 늘 배려가 들어가 있다. 가위바위보로 공정한 게임을 하지만, 어떤 때는 한 판의 가위바위보로 승부가 나는 것에 억울할 때가 있다. 사전에 단판이라고 약속하지 않았다면, 삼세판이 있다. 한 번의 운으로 억울할 수 있으니까 세 번의 기회를 주는 것이다. 때로는 가위바위보로 매번 설거지 당번이 된다면 가위바위보에서 졌더라도 승자가 가위바위보 결과를 바꿔주기도 한다. '그래 이번에는 내가 설거지할게, 이겼지만.' 이것이 배려다.

⑤ 가위바위보 청렴은 '약속(約束)'이다

약속이란 '다른 사람과 앞으로의 일을 어떻게 할 것인가를 미리 정해 둠. 또는 그리 정한 내용'이다. 다른 사람과 정했기에 여기에는 서로 지켜야 할 의무와 책임이 있다. 가위바위보 게임은 참여하는 사람들 속에 약속으로 이루어진다. 가위바위보에는 다양한 약속이 내재되어 있다. 누가 이야기하지 않아도 지금까지 해 왔던 대로 주먹은 가위를 이기고 가위는 보자기를 이기고, 보자기는 주먹을 이기는 행위와 결과에 대한 약속이 있다. 또한 이기고 짐에 따라서 설거지해야 하고 이긴 사람은 설거지할 수 있도록 그릇을 싱크대에 옮기고 식탁을 정리하는 의무를 정하게 되는 약속이다.

⑥ 가위바위보는 '책임(責任)'이다

책임은 '도맡아 해야 할 임무나 의무. 어떤 일의 결과에 대하여 지는 의무나 부담. 또는 그 결과로 받는 제재'이다. 가위바위보는 목적이 있을 때 한다. 그 목적에 따라 이익과 불이익을 받을 수 있지만 가위바위보를 했다면 그 결과에 책임을 져야 한다. 책임은 진사람 뿐만 아니라 참여한 사람 모두가 앞서 한 약속에 따라 책임을 지는 것이다. 책임을 질 수 있는 사람만이 할 수 있는 가위바위보다.

청렴은 바른생활이다. 우리가 일상생활 속에서 매일매일 하는 가위바위보다. 청렴한 생활 속에는 청렴의 6대 덕목인 '공정과 정직과 절제와 배려와 약속과 책임'이 들어 있다. 가위바위보를 할 때마다 내가 청렴한 생활을 하고 있는 것이다. 오늘 내가 한 청렴을 세어 보자. 하루 출근하며, 직장에서, 가정에서, 관계 속에서 얼마나 많은 청렴을 했는지 셀 수가 없을 것이다.

너 · 나 그리고 우리는 청렴한 사람이다.

7. 불편한 청렴에서 편안한 청렴으로

청렴에 대한 선입견과 편견, 고정관념 벗어 버리기

앞서 청렴에 대한 불편한 이야기를 많이 했다. 그래서 이제는 이 불편한 청렴을 버리고 편안한 청렴으로 만들어 보려고 한다. 잘못된 선입견과 편견 속에 고정관념화된 생각은 우리를 늘 불편하게 한다. 마찬가지로 잘못된 선입견과 편견 속에서 청렴에 대한 고정관념은 우리가 청렴하려고 하는데 불편하게 만들었다. 불편함을 편안함으로 전환하기 위해서는 불편했던 청렴에 대한 고정관념이 된 선입견과 편견을 벗어 버려야 한다.

우리가 가지고 있는 고정관념이 된 청렴에 대한 선입견과 편견을 나열해 보면 '청렴은 불편한 거야. 청렴은 일반사람들이 할 수 없는 성인군자나 할 수 있어! 청렴은 우리같이 힘없고 낮은 직급을 가진 사람들이 아닌 권한이 많은 높은 사람들만 하는 거야! 청렴하면 가난해진다. 독야청청해야 해, 너무 물이 맑으면 물고기가 살 수 없듯이 너무 청렴하면 함께할 수 없다.' 이것이 우리가 가지고 있는 불편한 청렴에 대한 선입견과 편견, 고정관념이다.

우리를 불편하게 했던 선입견과 편견, 고정관념을 하나하나 벗어 버리면 청렴이 편해지고, 일상이 되고, 높고 낮음이 없이 모두가 함께하고, 가난해지지 않고, 함께하며 왕따당하지 않는다.

첫 번째, 청렴은 편안하다

청렴은 불편한 것이라는 고정관념을 깨자. 원래 청렴은 편안했는데 부패가 사람들의 청렴을 불편하게 만들었다. 부패라는 놈은 괴팍하고 폭력적이어서 자신과 아는 사람들의 이익을 위하여 지위와 권한을 남용하여 청렴한 사람들의 입을 막고 못 살게 하고 괴롭힌 것이다. 청렴에 대한 불편이 여기서 발생해 불편이 되어 버렸다. 부패를 멀리하기 위해 청렴을 편안하게 만들어야 한다. 부패는 일부 특정한 사람들만 편안하지만, 청렴은 너·나, 우리 모두를 편안하고 행복하게 만드는 것이다.

두 번째, 청렴은 거룩한 것이 아닌 일상이다

청렴은 성품과 행실이 높고 맑으며 탐욕이 없는 거룩한 것이라는 선입견을 버리자. '청렴할 수 없는 청렴' 이야기에서 청렴에 대한 성품과 행실의 높음은 어디까지이고 탐욕은 기준은 어느 선까지를 맞추어야 할지 '청렴'이라는 말은 너무 개념적이고 관념적이고 뜬구름 잡는 불편한 청렴의 이야기를 했다. 그러나 '큰아빠, 청렴이 뭐예요?'에서 청렴은 바른생활로 인식하고 '가위바위보 청렴'에서 우리가 매일매일 생활 속에서 하는 것이 청렴이라는 것을 알았다. 청렴은 성인군자나 하는 것이 아닌, 너, 나 그리고 우리 모두가 일상 속에서 하고 있는 것이다.

세 번째, 청렴은 높고 낮음이 없다

청렴은 높은 곳에서만 잘하면 된다는 편견을 버리자. 공공기관에 강의를 가게 되면 청렴교육에 아예 관심이 없는 분들이 있다. 이분들에게 불편하시냐고 여쭤보면 '윗분들만 잘하면 될 것 같다. 나는 아무 권한도 없는 하급자들에게만 청렴하라고 하는 것 같다.'라고 말씀하신다. 틀린 말도 아니다. 청렴은 높은 사람이 더 먼저 더 솔선수범해서 해야 하는 것이다. 윗물이 맑으면 아랫물도 맑고, 물이 위에서 아래로 흐르듯이 청렴도 높은 곳이 청렴하면 자연히 낮은 곳에 있는 사람들도 청렴하고, 위에서 아래로 청렴도 흐르게 된다. 그럼에도 불구하고 청렴은 높고 낮음이 없다. 공직자는 물론 사회구성원이라면 모두가 지켜야 하는 것이다. 특별히 직급이 낮아도 공직자이면 청렴해야 하는 이유는 모든 공직자는 권한을 가지고 있다. 공직자로 임용되는 순간부터 공정한 나눔을 할 수 있는 권한과 책임을 준 것이다. 청렴은 높고 낮음 없이 모두가 해야 하는 청렴이다.

네 번째, 청렴은 가난이 아니다

청렴하면 가난하다는 편견을 버리자. 청렴해서 비가 오면 물이 새는 초가집에서도 의연하게 불만 없이 풍월을 읊을 수 있는 사람들을 최고의 '청렴한 사람'으로 칭송하고 그래야 한다고 배웠다. 나는 조선시대 '청빈'은 잘못된 구조 속에서 발생한 괴이한 이야기라고 생각한다. 청렴하다고 가난하지 않은 사회가 되어야 하고, 청렴하면 대박이 되는 세상이 되어야 한다. 점점 공정하고 투명해지고 있는 사회 속에서 청렴하면 대박, 부패하면 쪽박이 되고 있다.

다섯 번째, 청렴은 혼자만 해야 하는 것이 아니다

혼자만 해야 하는 청렴에 대한 고정관념 버리자. 청렴을 상징하는 독야청청은 모든 초목이 가을 서리에 누렇게 시든 속에서 홀로 푸른, 홀로 높은 절개를 드러내고 있음을 뜻한다. 아주 좋은 말이다. 한편으로는 너무 힘들고 외로운 일이다. 또한 이 말은 홀로 고고한 척하는 사람을 놀리는 말로도 쓰이기도 한다. 이제 청렴은 독야청청하면 안 된다. 청렴한 사람이 외톨이가 되고, 왕따를 당하고, 비웃음을 받아야 하는 것이 아니다. 청렴은 함께해야 하는 것이고 칭찬받고 박수를 받아야 하는 것이다.

마지막으로 청렴하다고 왕따당하지 않는다

'물이 너무 맑으면 물고기가 살 수 없다.'는 속담이 있다. 부패를 좋아하는 사람들이 자신의 부패를 합리화하기 위해 쓰는 말이 이 말이다. 부패라는 흐린 물로 눈을 가리고 입을 가리고 반칙하고 변칙하고 부정행위를 하면서 먹고 살아가는 부패자들이 맑은 물을 흐리게 하기 위한 말이다. 맑은 물에 맑고 청렴한 물고기들 세상이 되어야 한다. 맑은 물에서 부패한 물고기를 왕따를 하자.

　우리가 지금까지 생각해 왔던 편견과 선입견, 고정관념은 청렴이라는 좋은 것을 어렵고 힘들고 불편한 청렴으로 고정관념 하여 대해 왔던 것들이 이렇게 많았다. 부패한 사회 속에 부패를 좋아하는 사람들은 이 편견과 선입견을 더 공고히 하려고 할 것이다. 청렴하고 싶어도 청렴할 수 없게, 청렴하면 가난해지고, 청렴하면 외로워지고, 청렴하면 손해를 입는다고 회유하고 협박하고 유도할 것이다.

　그럼에도 불구하고 이제 우리는 부패를 위해 청렴을 가로막았던 선입견과 편견을 벗겨 버리고 너와 나 모두가 청렴하면 부패가 불편하고 부패가 가난해지고 부패가 왕따를 당하는 세상이 되어 청렴이 편안한 세상이 될 것이다.

> "불편한 청렴의 선입견과 편견, 고정관념을 벗기고 나니
> 편안한 청렴이 편안해진다."

Chapter 2

나도 모르게 하는
'나쁜 특권·관행·
갑질·부패'

1. 취하고 중독되는 마약 - 권력

 나는 권력자가 되어도 저 사람처럼 되지 않을 거야. 그러나 권력을 가지면 변한다.
 많은 사람이 권력을 가진 사람들의 부패와 오만함을 보면서 '나는 저렇게 되지 않을 것'이라고 다짐한다. 그러나 권력은 마치 중독성이 강한 마약과 같아서, 손에 쥐는 순간 사람을 변하게 만든다. 처음에는 공정하고 정의로운 권력자가 되겠다고 결심하지만, 점차 권력이 주는 특권과 영향력에 익숙해지고, 결국에는 자신도 모르게 권력을 남용하게 된다. 이는 개인의 성품 문제를 넘어 권력의 속성 자체가 가진 함정이라고 볼 수 있다.

당연한 관행 속에서 권력자의 특권, 갑질, 부패

 2010년대까지 우리 사회에서는 권력자가 권력을 이용해 특권을 누리고, 부당한 혜택을 누리고, 심지어 부패와 갑질행위를 마음대로 하더라도 이를 문제 삼기 어려웠다. 권력을 가진 자들의 잘못을 지적하는 것은 위험한 일이었고, 조직 내에서 권력에 대한 저항은 불이익으로 돌아왔다.

그들의 행동이 부당하다는 것을 알면서도 대부분의 사람들은 침묵할 수밖에 없었다.

그러나 2010년대 들어 이러한 관행과 특권과 갑질에 대해 불편함을 이야기하는 시대가 되었다. 2013년, '땅콩회항 사건'이 발생하면서 권력을 가진 자들의 부당한 행태가 국민적 공분을 일으켰고, 이후 권력자의 특권 남용과 갑질, 부패에 대한 저항과 고발이 이어졌다. 사람들은 다양한 권력이 만들어 낸 불합리한 관행과 횡포를 더 이상 참지 않고 목소리를 내기 시작했다. 하지만 여전히 권력을 가진 자들에 의한 권력 남용은 끊이지 않고 있다.

권력을 가지게 되면 나도 모르게 하게 되는 권력질(갑질)

권력은 단순히 정부 고위직이나 대기업 총수들만의 것이 아니다. 권력은 다양한 형태로 존재하며, 우리는 일상 속에서도 크고 작은 권력을 행사하거나 경험하게 된다. 문제는 권력을 가진 사람들이 의식적으로든 무의식적으로든 이를 남용하게 된다는 것이다.

군대는 대표적인 권력관계가 형성되는 조직이다. 간부와 병사 뿐만 아니라 선임병이 후임병 관계 속에서도 부당한 요구를 하거나, 상급자가 하급자에게 위계적 압력을 행사하는 모습은 군대 문화 속에 오랫동안 당연한 것으로 생각했다. 이러한 권력질은 '관행'이라는 이름으로 정당화되었지만, 본질적으로는 권력의 남용이며, 이는 조직원과 조직 전체를 망치게 한다.

지금 군대도 많이 변했지만, 권력의 속성은 군대 속에서 적나라하게 나타난다. 상명하복, 계급으로 구성된 위계적인 군대 조직에서 계급은 절대 권력이 된다. 계급이 같더라도 하루 먼저 입대한 병사가 절대 권력자가 된다. 그래서 '계급이 깡패'라는 말도 있다. 군대에서 병·상호 간의 계급에서 발생하는 감정과 행위를 잘 보여 주는 드라마 〈신병〉에서도 권력의 속성이 나온다. 괴팍한 선임병을 만난 김동호 일병은 매일 선임병으로부터 괴롭힘을 당한다. 아니 괴롭힘을 넘어 구타, 가혹행위, 폭언, 욕설, 성희롱 등 범죄행위의 피해자로 살아간다. 엄청난 고통을 받으며 계속 다짐한다. '나는 저러지 말아야지.' 그러던 어느 날 김동호 일병은 후임병이 자신의 눈에 거슬리고 마음에 들지 않자, 자기를 괴롭힌 선임병과 똑같은 행동을 한다. 그리고 괴롭힘을 당한 후임병과 같이 초소에서 근무를 서면서 사과한다. 미안하다고. 그리고 말한다. '그런데, 나는 내가 안 그럴 줄 알았다. 나는 절대 절대로 이 군대 놀이에 동참하지 않겠다고 매일매일 지겹도록 다짐했다.'고 한다. 그런데 자신이 그토록 혐오스러울 정도로 싫어했던 선임병들의 표정, 말투, 행동을 똑같이 하고 있다고 하면서 그런 자신이 서글프다고 말한다.

기업에서도 상급자가 자신의 직위를 이용해 부당한 특권을 요구하거나, 하급자에게 불합리한 지시를 내리는 경우가 많다. 일부 기업에서는 경영진이 자신의 권한을 남용하여 개인적인 이익을 추구하고, 직원들은 이에 저항하지 못하는 구조가 형성되기도 한다. 이러한 권력질은 조직의 건전성을 해치고, 직원들의 사기를 저하시킨다.

권력은 원래 개인이 마음대로 하라고 부여해 준 것이 아니라, 사람들과 사회와 조직으로부터 위임받은 것이다. 따라서 권력을 가진 사람은 이를 합법적이고 정당하게 사용해야 하며, 오직 공익을 위한 도구로 활용해야 한다. 하지만 현실에서는 권력을 위임받은 사람들이 이를 사적인 이익을 위해 남용하는 경우가 많다.

권력 남용의 가장 큰 문제는 공정성을 무너뜨리고 조직과 사회에 불신을 조장한다는 점이다. 또한, 권력을 남용하는 사람은 결국 법적 사회적인 책임을 지게 되며 모든 것을 잃게 된다.

위임된 권력을 남용하지 않기

권력을 가진 자들이 이를 남용하지 않기 위해서는 몇 가지 원칙이 필요하다.

① 권력의 속성을 아는 것

권력은 그 자체로 강력한 힘을 지니며, 남용될 가능성이 높다는 사실을 인식하는 것이 중요하다. 자신이 권력을 가졌다는 사실을 자각하고, 이를 어떻게 사용할 것인지 끊임없이 점검해야 한다.

② 위임된 권한을 합법적으로 사용할 수 있는 절제된 능력

권력을 가진 사람은 그 권한을 어떻게 행사할 것인지에 대한 자기 절제 능력을 갖춰야 한다. 권력이 개인적 욕심이나 감정에 의해 휘둘리지 않도록 스스로 절제하는 것이 필수적이다.

③ 권력을 제어할 수 있는 시스템 구축

권력자가 절제하는 의지와 더불어 권력의 오남용을 방지하기 위해서는 제도적 장치가 필요하다. 권력을 오남용을 견제할 수 있는 내부통제 시스템이다. 권력의 오남용을 방지하고 문제가 발생했을 때 신속하게 대응할 수 있도록 해야 한다.

④ 권력은 짧고, 후유증은 길다

권력을 가진 자들이 반드시 기억해야 할 점은, 권력은 영원하지 않다는 것이다. 아무리 강한 권력을 가진 사람이라도 결국에는 권좌에서 내려오게 되어 있다. 그러나 권력을 남용한 사람들은 이후에 사회적 지탄을 받거나 법적 책임을 지게 될 가능성이 높다. 권력을 가진 동안의 행적이 훗날 자신을 평가하는 중요한 기준이 된다는 사실을 명심해야 한다.

⑤ 권력의 노예가 되지 않기 위해서는 나의 권력의 무게를 느껴야 한다

권력은 그것을 지닌 사람에게 엄청난 영향을 미친다. 권력을 가진 사람은 자신의 결정이 타인에게 미치는 영향을 깊고 넓고 민감하게 느껴야 한다. 그리고 자신이 가진 권력의 무게가 얼마나 큰지 스스로 느끼고, 책임감 있게 권력을 행사해야 한다.

권력의 유혹에 빠지지 않기 위해서는 끊임없이 자신의 행동을 점검하고, 주변의 불편한 시선을 느끼고, 객관적인 판단을 해야 한다. 권력이란, 제대로 사용하면 사회를 더 나은 방향으로 이끄는 도구가 되지만, 잘못 사용하면 결국 자신과 조직에게 손해를 입히는 독이 될 수 있다.

권력은 그 자체로 강한 중독성을 지닌다. 누구나 권력을 가지면 변할 수 있으며, 자신도 모르게 권력의 유혹에 빠질 수 있다. 권력의 본질과 속성을 이해하고, 이를 공정하고 책임감 있게 사용할 때 비로소 건강한 조직과 사회가 만들어질 수 있다. 결국, 우리는 권력의 노예가 되지 않기 위해, 우리의 권력이 어떤 무게와 책임을 인식하며 살아가야 한다.

"혹시, 나도 권력을 이용해서
특권과 관행과 갑질과 부패를 하고 있지 않은지~~~"

권력이 만들어 내는 4가지 리스크

권력을 이용하여
누리지 말아야 할 '나쁜 특권'
그래도 되는 '나쁜 관행'
본능적인 '나쁜 갑질'
나도 모르게 하는 '나쁜 부패'

2. 권력을 두려워하지 않으면
   나도 모르게 하는 4가지 RISK

누구나 권력을 잡기 위해 애쓰며 살아간다. 태어날 때부터 유치원, 초·중·고등학교, 대학교, 대학원 등 죽도록 공부하고 노력을 한 이유는 다른 사람보다 더 큰 권력, 영향력을 갖기 위해서다. 권력을 갖게 되면 돈과 명예도 함께 가질 수 있기 때문이다. 권력을 갖게 된다는 것은 대통령, 국회의원, 고위공직자가 되어 갖게 되는 큰 권력만 있는 것은 아니다. 권력은 2명 이상 모인 모든 관계 속에 권력이 존재한다. 이 권력들은 크고 작음을 떠나 상대적으로 크게, 작게 작용을 한다.

권력이란 국어사전에 '남을 지배하여 복종시키는 힘. 특히, 국가나 정부가 국민에게 행사하는 강제력'이라고 정의하고 있다. 나무위키에는 '타인을 복종시키거나 지배할 수 있는 공인된 권리와 힘, 특히 국가나 정부가 국민에 대해 가지고 있는 강제력을 이른다. 타인 또는 조직 단위의 행태를 좌우할 수 있는 능력을 뜻한다.'라고 더 구체적으로 설명하고 있다.

국가의 권력은 본래 국가가 국민의 권리를 보장하기 위해 행사하는 공인된 합법적인 권력이어야 한다. 때로는 이 권력은 사람들이 국민의 권리를 침해하지 않도록 복종시키고, 조직을 움직이게 한다. 그런데 권력을 갖게 되면 나도 모르게 권력을 남용하여 다른 사람의 권리를 침해하고 복종시키려 한다.

국민으로부터 위임받은 권력(권한)과 RISK

권력은 누가 줬을까? 헌법 제1조에 '대한민국의 주권은 국민에게 있고, 모든 권력은 국민으로부터 나온다.'라고 명시되어 있다. 권력은 국민이 준 것이다. 최고의 권력자인 국민이 일정한 기간 공직자에게 부여를 해 준 것이다. 국민들이 국민이 가지는 인간으로서 존엄과 가치와 행복을 추구할 수 있게 해 달라고 권력을 준 것이다.

권력을 받은 사람은 누구일까? 바로 공자가 들어간 사람들이다. 대통령으로부터 모든 공무원, 공직자, 공직자등, 공무수행사인들이다. 권력은 지위와 직책에 따라 크고 작다. 가장 큰 권력은 대통령이지만 직급이 낮은 공직자들도 작은 권력을 가지고 있다. 작은 권력도 상대적으로 엄청난 큰 권력이 될 수 있다.

권력을 어떻게 받을까? 권력은 권한으로 받는다. 아무리 큰 권력도 무한하게 주는 것이 아니라 필요한 만큼만 법과 규정으로 권한을 줌으로써 필요한 경우에만 필요한 만큼의 권한 내에서 권력을 사용할 수 있다.
우리가 그토록 가지고 싶은 권력을 권한으로 받게 되면 법과 규정의 테두리 안에서 사용해야 하는데 자꾸만 딴생각이 든다. 테두리를 벗어나고 싶은 생각이다. 이것이 권력의 속성이다. 권력을 가진 자가 받게 되는 유혹이자 결국 자신과 조직을 타락하게 만드는 것이다. "나는 안 그럴 거야!"라고 다짐하고 약속하고 기도하지만, 나도 모르게 권력에 맛이 들게 되고 권력과 이별을 할 수 없게 된다. 그래서 한번 권력의 맛을 들인 사람들은 끊을 수 없다. 마약보다 더 강력한 것이 바로 권력의 달콤한 맛이다. 결국은 국민이 준 권한의 테두리를 넘어서 '내가 누군데'라며 권한을 남용하고 법률을 위반하여 '사랑하는 사람들을 위해서' 사적이익을 도모하고 반칙하고 변칙하고 불공정하고 갑질하고 부패하는 파렴치가 된다.

이 부당한 권력의 고리들은 가장 큰 권력자로부터 작은 권력자들 그리고 관계 속에서 수많은 피권력자까지 먹이 사슬이 되어 체인처럼 연결되어 있다. 권력을 누리는 자와 권력에 복종하는 자가 연결이 되어 지배하고 복종해야 하는 구조가 되어 버린다. 여기에 더하여 권력은 더 확장된 영향력으로 작동이 된다. 그래서 '내가 누군데'가 가끔 나오는 것이다. 국회의원이 공항 검색대에서 신분증 검사를 하고 검색원에게 화를 내면서 '내가 누군 줄 알아.'라며 권력자를 알아주지 못하면 화를 내고 때리기도 한다. 이러한 권력의 사슬 속에서 권력의 노예가 되어 버리고 나도 모르게 권력에 달콤하게 취해서 빠져나오지 못한다.

권력의 4가지 리스크(RISK)

달콤한 권력에 취하게 되면 나도 모르게 범하게 되는 4가지 리스크가

특권과 관행과 갑질과 부패다.

① 첫 번째 리스크는 특권이다

권력자에게는 당연히 특권이 있어야 한다. 국민이 부여한 임무를 수행하기 위해 비서와 전용 차량도 지원해 주고, 다양한 보호와 편의를 제공해 준다. 권력이 큰 대통령과 국회의원들은 잘못을 해도 일반인처럼 체포를 바로 할 수 없는 특권도 있다. 이 특권들은 법에서 직무를 잘 수행하라고 준 것이다. 그런데 문제는 법으로 부여해 주지 않은 특권들을 누리려고 하고 누리는 것이다. 이것이 누리지 말아야 할 나쁜 특권이다.

② 두 번째 리스크는 관행이다

관행은 과거로부터 권한을 넘어선 특권과 같은 잘못해 왔던 것을 그대로 하는 것이다. 잘못된 것이고 변화된 시대에 맞지 않는 것이지만 권력자의 편의와 이익을 위해 지금까지 해 왔으니까 누려야 하고, 그래도 되는 대물림의 나쁜 약속이다. 2024년 파리 올림픽에서 배드민턴 안세영 선수가 금메달을 따면서 작심 발언을 했다. 선배님들 심부름과 청소와 뒤치다꺼리하지 않게 해 달라고, 내 발에 맞는 신발 좀 신게 해 달라고 했는데 협회에서는 '오래된 관행으로 그럴 수 없다'라고 했다고 한다. 2023년에는 모 당에서 당대표 선거에 돈봉투를 돌린 사건이 발생했다. 이 국회의원은 돈봉투를 주고 받는 것이 '관행'이라며 선처를 호소했다. 우리사회는 시대가 변해도 부당하고 불법인 줄 알면서도 하는 나쁜 관행은 이어진다. 왜냐하면 누리지 말아야 할 특권을 누리기 위한 것이다.

③ 세 번째 리스크는 갑질이다

　권력자가 영향력을 이용하여 부당한 특권을 누리고, 불합리한 관행을 일삼고 누리며 요구하는 것이 갑질이다. 당연히 누려야 할 특권과 관행을 안 해 준다고 갑질을 하는 것이다. 얼마 전에 모 지역 기초단체 의원이 지역구 행사에서 축사를 안 시켜 줬다고 공무원을 폭행했다고 한다. 매일매일 뉴스 속에서 나오는 직장 내 괴롭힘, 갑질들 속에는 권한을 넘어서 누리지 말아야 할 나쁜 특권과 그래도 되는 나쁜 관행이 연결되어 있다.

④ 네 번째 리스크는 부패다

　위임받은 권력을 남용하여 법률을 위반하여 자신과 연결된 카르텔의 이익을 위한 부패행위다. 이 부패들을 펼쳐서 살펴보면 특권과 관행과 갑질이 서로 연결되어 부패가 만들어졌다는 것을 알 수 있다.

　권력의 리스크를 경고한 문장이 있다. 영국의 역사학자이자 정치사상가 존 달버그 액턴(John Dalberg-Acton, 1st Baron Acton, 1834~1902)는 "권력은 부패하는 경향이 있으며, 절대 권력은 절대 부패한다"(Power tends to corrupt, and absolute power corrupts absolutely) 그리고 위대한 사람들은 항상 나쁜 사람들이다. (Great men are almost always bad men)

　공직자가 권력을 두려워하지 않으면 권력을 즐기게 된다. 권력을 즐기는 사람들은 권력의 중독자가 되고 부패하고 나쁜 사람이 될 가능성이 매우 크다. 그래서 권력을 가지게 되면 중독이 되지 않기 위해 매일매일 하루를 되돌아보아야 한다.

혹시, 오늘 나는 권한을 벗어난 특권을 남용하고 있지 않은지?
혹시, 오늘 나는 누리지 말아야 할 관행을
당연시하고 있지 않은지?
혹시, 오늘 나는 부당한 갑질을 하고 있지 않은지?
혹시, 오늘 나는 사적이익을 위해 부패를 하고 않은지?

그리고, 새로운 아침이 되면 기도하고 다짐해야 한다.

오늘도 낮은 마음, 낮은 자세로 나쁜 특권과 관행과 갑질과 부패를 하지 않게 하루를 보낼 수 있게 해 주세요. 그리고 청렴하게 살아가게 해 주세요.

이것만이 크든 작든 모든 권력으로부터 부패로부터 온전하게 살아갈 수 있는 방법이다.

3. RISK-1, 누리지 말아야 할 "나쁜 특권"

우리사회에는 법과 규정이 보장하는 정당한 특권이 존재한다. 특히, 국가를 운영하는 고위직 공직자나 기업 경영진과 같은 위치에 있는 사람들에게는 그들이 맡은 책임과 역할에 걸맞은 일정한 특권이 주어진다. 그러나 문제는 이들이 법과 규정에 없는 특권까지 누리려고 할 때 발생한다. 이러한 '나쁜 특권'은 부패와 불공정을 낳으며, 사회의 신뢰를 무너뜨리는 원인이 된다.

특권이 판치고 있다

현대 사회에서 특권은 곳곳에서 발견된다. 권력을 가진 사람들이 법을 초월하는 행위를 하거나, 일반인들이 가질 수 없는 혜택을 당연한 것처럼 받아들이는 경우가 많다. 공직자들은 권한을 이용해 자녀의 취업을 돕고, 기업인들은 배임과 탈세를 눈감아 주도록 압력을 행사한다. 사회 지도층이 누리는 이 같은 특권은 공정한 사회를 기대하는 일반 국민들에게 큰 실망을 안겨 준다.

특권이 만연한 사회에서는 공정한 경쟁이 사라지고, 능력보다 연줄이 중요한 요소로 작용한다. 이는 결국 사회 전체의 발전을 저해하며, 국민들의 법 감정을 무너뜨린다. 우리가 경계해야 할 것은, 권력을 가진 사람들이 당연하다는 듯이 주어지지 않은 특권을 요구하고, 이를 묵인하는 그래도 되는 문화이다.

권력을 가지면 누구나 더 많은 특권을 누리려고 한다

권력은 특권이다. 이 특권은 더 많은 것을 누리려 하고 결국 선을 넘어 누리지 말아야 할 것들을 누리려 한다. 그리고 '당연한 것'이 된다.

공직자나 기업인은 단순한 개인이 아니라 공적인 역할을 수행하는 사람들이다. 따라서 그들에게 주어진 권한은 개인적 이익을 위한 것이 아니라, 공공의 이익을 위한 것이어야 한다. 그러나 현실에서는 자신의 지위를 이용해 자신의 이익과 편의를 누리거나, 가족과 측근들에게 이득을 주려는 시도가 빈번하게 이루어진다. 이러한 특권의 남용은 결국 조직과 사회 전체에 손해를 입히게 하는 것이다.

특권의 속성, 서로의 이익을 위한 카르텔

특권에는 속성이 있다. 첫째, 사람의 본능이다. 높은 자리에 오르면 그에 걸맞은 대우를 받기를 원하며, 특별한 혜택을 자연스럽게 받아들인다. 둘째, 특권을 가진 자들은 다른 사람에게도 특권을 제공함으로써 자신들의 위치를 공고히 한다. 이는 '**특권 카르텔**'을 형성하며, 권력을 가진 집단끼리 서로를 보호하는 결과를 낳는다. 셋째, 특권은 서로의 이익을 위해 작동한다. 권력자들은 자신의 영향력을 이용해 특정 기업이나 인물에게 이득을 주고, 그 대가로 자신의 이익을 보장받는다.

이러한 특권의 속성은 결국 불공정한 사회 구조를 만든다. 일반 국민들은 법과 규칙을 따르며 살아가지만, 권력과 연결된 사람들은 예외적인 특권의 혜택을 누리며 살아간다.

누릴 수 있는 특권과 누릴 수 없는 특권 구분하기

누릴 수 있는 특권과 누릴 수 없는 특권을 구분해야 한다. 모든 특권이 나쁜 것은 아니다. 높은 공직자나 기업의 임원들에게 주어지는 특권은 그들의 고도의 역할을 잘 수행할 수 있도록 하기 위한 것이다. 예를 들어, 대통령이나 국회의원, 장관과 같은 고위 공직자에게 제공되는 비서진과 경호, 의전 서비스는 단순한 특혜가 아니라, 국가 운영의 안정성을 위한 필수 요소다. 기업인들에게 주어지는 일정한 권한도 기업 운영의 효율성을 높이기 위한 것이다.

그러나 선을 넘어 법과 규정, 명시되지 않은 특권을 누리려는 것은 명백한 권한 남용이다. 내가 할 것을 다른 사람이 하게 하거나, 내 것으로 할 것을 다른 사람이 하게 하는 것으로부터 시작하여 자신의 권한을 이용하여 가족과 아는 사람들에게 특혜를 주거나, 부당한 이득을 취하는 등 행위는 절대 정당화될 수 없는 '나쁜 특권'이다. 특권을 가진 사람들은 정당한 특권과 부당한 특권을 구분할 줄 알아야 한다.

누릴 수 없는 특권은 위임된 권한의 남용이다

공직자와 기업인이 가진 권한은 개인의 것이 아니라, 국민과 사회가 위임한 것이다. 따라서 그 권한을 개인적 이익을 위해 사용하는 것은 명백한 남용이다. 권력을 가진 사람들은 자신에게 주어진 권한이 국민과 조직의 이익을 위해 사용되어야 한다는 점을 항상 인식해야 한다.

위임된 권한을 남용하는 것은 단순한 도덕적 문제를 넘어 법적 책임까지 수반할 수 있다. 사회는 점점 더 권력자의 행태를 감시하고 있으며, 부당한 특권을 누리는 행위를 용납하지 않는 분위기가 조성되고 있다. 기업에서도 ESG(환경·사회·지배구조) 경영이 강조되면서, 투명성과 윤리성이 더욱 중요한 가치로 자리 잡고 있다. 이러한 흐름 속에서 특권의 남용은 더 이상 숨길 수 없는 행위가 되고 있다.

혹시 나도 나쁜 특권을 누리고 있지 않은지

나쁜 특권은 비단 고위 공직자나 기업의 임원만의 문제가 아니다. 우리는 일상 속에서 코고 작은 특권을 누리며 살아가고 있다. 학연, 지연, 혈연을 이용해 부당한 이득을 취하거나, 법과 규칙을 어기면서도 관행이라는 이유로 합리화하며 나쁜 특권을 누리고 있는지 스스로 점검해 보아야 한다.

특권은 조직과 사회에 존재해야 한다. 문제는 권한을 남용하여 누리지 말아야 할 것을 누리려고 하는 특권이다. 특권을 가지고 있는 사람들은 자신이 누리고 있는 특권을 경계하고 해야 한다. 혹시 나도 나쁜 특권을 누리고 있지 않은지 돌아보며, 나쁜 특권과 결별해야 하는 큰 용기가 필요하다.

"혹시 나도 누리지 말아야 할 특권을 누리고 있는지?"

4. RISK-2, 그래도 되는 '나쁜 관행'

모든 조직과 기관에는 관행이 있다. 관행 중에 좋은 관행과 나쁜 관행이 있다. 나쁜 관행은 없애야 하지만 없어지지 않는다. 왜냐하면 나쁜 관행은 누리는 사람에게 기득권이자 당연한 권리이기 때문이다.

자유당 시절에 유권자에게 돈봉투, 고무신, 달력을 돌리고 자신에게 유리한 결과를 가져오기 위해 선거 투표권을 가지고 있는 국민에게 투표를 잘해 달라고 대가성 뇌물을 제공했다. 앞서 언급한 국회의원 간 주고 받은 '돈봉투' 사건과 자유당 시절 '돈봉투'의 별다른 차이점이 없다. 그런데 당에서는 전당대회에서의 돈봉투는 관행이라고 한다. 또한 문제 될 게 없다고 말한다. 또한 선거를 앞두고 수백만 원씩 돈을 뿌린 것이 별로 중요하지 않은 일이라고 한다. 이렇게 위법행위를 하고서도 창피하거나 잘못한 것을 알지 못하는 이유가 바로 '관행'이기 때문이다. 과거부터 해 왔던 관행은 그것이 법을 위반하고 있더라도 그래도 되는 것이기에 떳떳해하는 모습에 관행이 얼마나 무서운지 알 수 있다.

또 지방 ○○시에서 시장과 의원의 '황제 수영 사건'과 군 복지시설에서 '16첩 반상 황제 대접'에 대한 불편한 이야기가 뉴스에 오르내렸다. 이런 것이 바로 권력을 가지게 되면 나도 모르게 특권으로 대접을 받아도 되고, 누려도 되는 **'그래도 되는 관행'**이다.

그래도 되는 나쁜 관행

관행이란 국어사전에 **'오래전부터 해 오는 대로 함, 관례에 따라서 함'**으로 정의하고 있다. 어떠한 조직 속에서도 관행은 다 있다. 회사에서 목적을 달성하기 위해 자연스럽게 오랫동안 만들어진 관행은 문화가 된다. 이것을 우리는 조직문화라고 한다. 좋은 조직문화는 그 조직을 효율적이고 긍정적으로 만들지만, 나쁜 조직문화는 조직을 비효율적이고 부정적으로 만들어 조직을 해친다. 그래서 나쁜 조직문화는 빨리 없애 버려야 하고 좋은 조직문화는 계속 이어지고 발전시켜 나가야 한다. 하지만 나쁜 조직문화는 없애기가 쉽지 않다. 아니 불가능할 수도 있다.

나쁜 관행을 없애기 위해서는 관행의 구조를 알아야 한다. 관행을 행하는 사람부터 관행을 누리는 사람들의 연결 속에서 이해관계를 살펴보면 불합리한 관행이라는 답이 나온다. 관행 속에는 대접을 해 줘야 하는 사람과 대접을 받는 사람이 존재한다. 대접을 해 줘야 하는 사람은 대접을 해 줌으로써 자신에게 이익이 되고, 대접을 받는 사람은 특별한 대접(이익)을 받는 것이 당연한 권리가 된다.

그럼 이러한 불합리하고 나쁜 관행을 만든 사람은 누구일까? 범인은 특별한 대접을 통해 이익을 얻는 사람들이다. 이익을 얻든 사람은 두 명이다. 대접 제공을 해 주는 사람(乙), 그리고 받는 사람(甲)이다. 이 관계 속에 부당한 거래인 것이다. 제공자(乙)는 특별한 대접을 통해 갑(甲)을 즐겁고 기쁘고 만족하게 해 줌으로써 이쁨과 다양한 특혜와 이익을 받는다. 이런 관행을 쉽게 없앨 수 없다. 한번 특별한 대접을 제공하고 누렸던 자들은 그 상황과 위치가 되었을 때 당연히 제공하고 누려야 하는, 그래도 되는 관행으로 인식하기 때문이다.

조직을 경직되게 하는 나쁜 관행

관행은 조직의 일상 속에 속속히 배어 있지만 아무도 이것이 불합리한 관행이라는 것을 알아차리지 못하고 당연히 해야 할 것으로 제공하고 누린다. 한번은 청렴교육을 위해 ○○기관을 방문한 적이 있다. 청렴교육에 참석자들이 들어오고, 앉아서 기관장을 기다리는 모습 속에서 다른 기관과 달리 느껴지는 분위기에 갑자기 긴장이 된 적이 있다. 이 기관은 위계적인 불합리한 관행이 강의장 안에도 속속히 들어차 있었다. 기관장의 의자와 주요 임원의 의자와 하급 직원들의 의자 크기가 다르고, 기관장에게는 메모지와 펜, 뚜껑이 있는 도자기 물컵이 준비되어 있고, 임원들은 생수와 종이컵이, 나머지 직원들은 아무것도 제공되지 않았다. 또한 앞에 임원들이 앉아 있는 탁자 앞에는 각자의 직책이 쓰여 있는 네임텍이 배치되어 있다. 앞에 앉아 있는 기관장과 임원들의 의자의 높이가 높아서 뒤에 앉아 있는 직원들은 앞에 슬라이드가 잘 보이지 않는다. 특권적인 구조 속에서 청렴교육을 받는 데에도 서열이 필요하고 네임텍이 있어야 하고 차별을 해도 되는 이 기관의 구조적인 조직문화를 그대로 나타내 주고 있는 것이다.

부조리를 넘어 범죄도 용인하는 나쁜 관행

또한 관행은 단순히 대접받고 대접하고 하는 수준에서 끝나지 않는다. 조직 속에서 허용하는, 문화 속에서 폭력까지도 그래도 되는 관행으로 나타난다. 넷플릭스에서 방영한 영화 〈D.P〉는 군에서 탈영병 체포조를 주제로 한 영화다. 여기서 나쁜 선임병이 있다. 후임병들을 늘 괴롭히고, 괴롭힘을 넘어서 구타, 가혹행위, 폭언, 성희롱, 성추행 온갖 나쁜 짓을 넘어 범죄행위를 한다. 그러다가 복무기간이 끝나서 전역을 한다. 전역을 하고 나서 이 나쁜 놈은 사회의 성실한 일꾼이 되어 착한 회사원이 된다. 그런데 그동안 집중적으로 괴롭힘을 당한 병사는 트라우마 속에서 괴로워하다가 탈영을 한다. 탈영한 이유는 나를 괴롭힌 선임병을 만나서 물어보고 싶은 것이 있었기 때문이다. 탈영병 체포조가 압박을 해 오는 가운데 드디어 나쁜 선임병을 만난다. 울분을 참으며 물어본다. "나한테 왜 그랬어?" 선임병이 미안한 표정으로 '그냥 그래도 되는 줄 알았어!'라고 대답한다. 이 나쁜 선임병은 '그냥 그래도 되는 줄 알고' 그 못된 짓을 했다는 것이다. 사실 이 선임병도 후임병일 때 선임병으로부터 이 못된 괴롭힘을 똑같이 당했고, 선임병이 되면서 계급의 권력을 이용해 후임병을 압박하고 혼내고 하면서 선임병들로부터 잘한다고 칭찬을 받으며 조직을 위해 그래도 되는 줄 알고 했다는 것이다. 이것이 조직 문화를 만든 '그래도 되는 것'. 그래도 되는 문화가 구타, 가혹행위, 폭원, 성희롱, 성추행과 같은 범죄행위를 관행으로 당연시한 것이다.

조직을 비효율적으로 만드는 나쁜 관행

불합리한 관행은 조직을 위축되게 하고 비효율적이고 피로하게 만든다. 위에서 불편했던 청렴교육을 회상해 보면 청렴교육을 하는데 강사가 임원의 직책을 알아야 할 필요도 없는데 네임텍을 설치하고, 권력의 차이에 따라 물컵과 물을 제공하고 누구는 제공하지 않고, 머리까지 기댈 수 있는 큰 의자에 앉아서 시야를 가리게 하는 이 조직의 문화는 권력자들을 위한 특권의 조직문화가 강하게 뿌리내리고 있는 조직이다.

이 외에도 이러한 관행이 생활 곳곳에 깃들어 있다. 내가 타 먹어야 할 커피를 하급자가 타게 하는 것, 내가 PC를 켜고 꺼야 하는데 하급자에게 시키는 것, 내가 구두 닦아야 하는데 하급자에게 시키는 것, 내가 문을 열어야 하는데 하급자가 문을 열게 하는 것, 기관의 주차장에 관용차가 아닌 고위공직자의 개인용 사적 차량의 주차장을 만들어 주는 것, 공공기관의 시설물들을 사용할 수 있는 권한을 특별한 직급에 따라 부여하는 것, 하급자라고 인식되면 반말해도 되는 것, 일이 없는 데도 야근시키고, 주말에 당연히 전화해도 되는 것 등 모두가 그 기관의 그래도 되는 불합리한 관행들이다.

끊을 수 없는 나쁜 관행의 중독

관행도 마약이다. 관행을 누리다 보면 너무나 좋다. 내가 할 것을 다른 사람이 해 주고, 내 돈으로 해야 할 것을 다른 사람이 해 주고, 내 것으로 해야 될 것도 다른 사람이 해 준다. 황제가 되는 것이다. 황제 대접을 받다 보면 마약이 되는 것이다.

어느 날 황제 대접을 받다가 황제 대접을 받지 못하면 황제에서 평민이 된 느낌이 되면서 화를 내면서 분노하게 된다. 자신이 당연히 받아야 할 권리인 황제 대접을 왜 알아서 해 주지 않느냐고 계속적으로 황제 대접을 요구한다. 여기에 만족하지 못하면 불이익을 가한다.
  갑의 위치에 있는 권한과 그에서 유래하는 영향력을 이용하여 얼마든지 을에 대해 불이익을 줄 수 있기 때문이다.

나쁜 관행 끊어 내기

특권에 기반한 불합리하고 부당한 관행을 끊어내야 한다. 관행은 누가 끊을 수 있을까? 관행은 을(乙)인 제공자가 없앨 수 없다. 을(乙)인 제공자가 오늘부터 불합리하다고 생각해서 "오늘부터 자신이 마시고 싶은 커피는 스스로 타 먹는 것으로 하겠습니다." 이렇게 말하기 힘들다. 관행을 끊어 낼 수 있는 사람은 관행으로부터 특혜를 받는 사람들, 관행을 누리는 사람들 갑(甲)이다. 관행에 대한 민감도를 높여서 조직과 관계 속에서 일어나는 불합리한 관행을 제로 베이스에서 생각해 보아야 한다. 혹시 내가 지금 마시는 커피가 나만 혼자 마시는 사적인 커피인지, 공적인 회의 등을 위한 커피인지? 만약, 사적인 커피라면 내가 타 먹겠다고 해야 한다. 그리고 내가 대접받고 있는 것이 마음이 편하지 않다면 끊어내야 한다. 내가 누리지 않겠다고 선언하고 실천해야 한다.

  어느 고위공직자의 이야기다. 고위공직자가 되고 난 후 며칠을 운전사와 비서가 있는 차를 타고 내리며 불편함이 있었는가 보다. 며칠 후 기관의 홈페이지에 '이제 차량을 타고 내리는 데 문 열어 주지 말라고' 게시했다고 한다. 고위공직자가 차량을 타고 내리는데 비서와 다른 사람이 문을 열어 주어야 내리고 타는 것은 의전이다. 그런데 차량 문을 여닫는 것이 그렇게 힘든 것도 아니고, 내가 할 수 있는 것인데 꼭 누가 열어 줘야 되는지 생각을 한 것이다. 이렇게 내가 할 것을, 내가 할 수 있는 것을 다른 사람이 하는 것을 불합리한 관행으로 인지 했을 때 과감하게 누리지 않겠다고 선언해야 한다.

  그렇지 않고 며칠 더 의전을 받다 보면 어느새 그것이 당연한 것으로 생각하며 문을 열어 주어야 타고, 열어 주지 않으면 열어 주지 않는다고 화를 낼 수 있는 의전의 마약에 빠지는 것이다. 끊을 수 없는 마약, 관행은 익숙해지기 전에 없애는 것이 가장 좋지만, 익숙해졌다고 하더라도 조직에서 갑과 을과 사이에서 내(갑)가 해야 할 것을 다른 사람(을)이 해주는 것들에 대한 민감도를 높이면 알 수 있다.

조직을 불편하게 하고 비효율적이게 하는 관행을 없애자

불필요한 관행을 유지하기 위해 엄청난 사회적 비용이 지불된다. 특별한 몇 사람을 위해 안 해도 되는 것들을 해야 되기 때문이다. 안 해도 되는 것을 하기 위해 사람과 시간과 돈과 물질과 행정과 시스템 등 엄청나게 많은 노력과 심리적인 감정이 동원된다. 이 안 해도 되는 관행들을 없애면 이 모든 것들이 필요 없다. 조직도 사람들도 모두 행복해질 수 있다.

혹시, 나도 그래도 되는 줄 알고 불합리하고 부당한 나쁜 관행을 누리고 있는지 살펴보자!

혹시, 나도
나쁜 관행을 누리고 있을 수 있다.

5. RISK-3, 본능적으로 하는 '나쁜 갑질'

대한민국 사람은 갑질의 피가 흐르고 있다. 뼛속까지. 그래서 갑이 되면 갑질을 한다.

우리나라 갑질의 역사는 언제부터일까. '갑질'이라는 용어를 사용한 역사는 얼마 되지 않는다. 갑질이라는 용어가 등장한 지는 불과 10여 년밖에 되지 않았다. 2013년도에 대한민국에 처음으로 갑질이라는 단어가 생겼고, 이 갑질 용어는 대한민국 외에 다른 나라는 없다. 그래서 미국 영어사전에도 갑질을 'Gapjil'이라고 표현하고 있다.

그럼, 2013년 이전에는 갑질이 없었을까? 더 더 많았다. 그런데 갑이 하는 갑질 행위를 갑질이라고 말할 수가 없었다. 감히 갑의 행동에 나쁜 행동을 말하는 '질' 자를 붙인다는 것은 상상할 수 없었고, 만약에 '질' 자를 붙였다가는 쥐도 새도 모르게 모든 것을 잃을 수 있었다. 다행히도 세상이 좋아져서 갑이 '질' 같은 행동을 하면 이제는 갑질이라고 표현할 수 있는 세상이 된 것이다.

본태 갑(甲)과 을(乙)이었던 세상

우리나라 갑질의 역사를 거슬러 올라가면 조선시대, 그 이전으로 올라가면 올라갈수록 갑질의 역사는 더 공고하다. 너무 올라가면 복잡하니까 조선시대 갑질부터 알아보겠다. 우리나라뿐만 아니라 근대시대 이전에는 갑과 을의 세상이었다. 왕과 양반, 중인, 상민, 노비로 태어날 때부터 신분으로 갑·을·병·신이 정해진다. 엄청난 갑을 세상이다. 태어날 때 내가 어떤 신분을 가지고 있느냐에 따라 갑이 되고 을이 되어 버린 것이다.

조선시대 신분 조선 초기에 양반, 중인, 상민, 천민의 비율을 보면 양반은 10% 이내고 나머지는 을인 중인, 상민, 천민이었는데, 1998년에 방영된 KBS 〈조선왕조실록〉에서 분석한 자료를 보면 '조선은 절반은 노비였다.'고 한다. 조선 후기로 들어가면서 노비의 숫자가 줄어들게 된다. 줄어든 이유는 왕과 양반이 노비를 어여삐 여겨 면천(노비 신분 해제)시켜 준 것이 아니라 양반들을 위해 노비를 면천시켜 줄 수밖에 없었다. 1952년 임진왜란이 일어나자 면천의 대가로 노비들을 전장으로 보내 목숨으로 면천의 기회를 주고, 국가의 재정이 궁핍하자 돈을 받고 노비 신분을 면천을 시켜 주었다. 그 값도 엄청나도 그 당시 쌀 50석, 그때 당시 23년치 노비 몸값이라고 한다. 노비를 현실적으로 통제하기 불가능한 상태가 되자 1894년 갑오경장 노비제도 폐지가 되었다.

만약, 지금 대한민국 인구 5천만 명 중 2천 5백만 명이 노비이고. 쿠팡, 옥션에서 노비 1인당 말 한 필의 가격으로 거래되고, 얼마 전에 드라마로

방영되었던 〈옥씨부인전〉에서 등장하는 구덕이(구더기), 개죽, 소똥이, 개똥이로 살고 있다면, 그중 내가 구더기가 될 확률이 50%라면 생각만 해도 끔찍을 넘어 지옥이다.

갑의 권한에 의한 당연한 갑질

조선의 백성들의 대부분은 절대적인 신분의 갑의 갑질 지옥 속에서 절대적인 을로서 살았다. 갑이 되면 엄청난 갑질을 할 수 있는 권력을 가졌다. 앞에서 알아본 권력, 바로 을에 대해 지배하고 복종시킬 수 있는 권력을 신분이 준 것이다. 지금 세상은 국가가 합법적으로 권력을 주었지만, 이때는 신분이 합법이었다. 갑들은 을들을 개, 돼지와 같은 동물 정도로 취급했다. 그래서 귀족 외에는 성씨가 없이, 개똥이나 소똥이가 이름이었다. 또한 갑의 권력을 이용하여 지배하려는데 복종하지 않으면 때리고, 죽여도 되고 사고팔아도 되는 물건이었다. 조선시대 자료를 보면 노비를 사고파는 문서에 노비를 사람으로 표기하지 않고 동물의 숫자로 표현이 되어 있다고 한다. 또한 노비의 가격은 말 한 필 정도의 가격으로 책정이 되어 있었다고 한다. 조선의 백성들은 최고의 갑인 왕과 갑들인 귀족, 양반들을 위한 도구일 뿐이었다.

을에서 갑으로, 그리고 갑을의 해체

조선 오백 년을 을로 살아왔던 중인, 상민, 천민 들은 그 이후로 갑이 되기로 결심한다. 갑이 되는 방법은 양반이 되는 것이다. 양반의 성씨가 되기 위해 수단과 방법을 가리지 않고 드디어 갑의 성씨인 김, 이, 박, 최 등이 되었다. 그 결과 조선 초기에 양반 10%가 조선 말에는 양반이 70%가 되어 버린다. 이제 갑이 70%가 되어 버린 것이다.

현재 대한민국의 김·이·박·최 네 개의 성씨가 성씨 전체의 49.3%가 된다고 한다. 추가적인 양반 성씨 전체를 합한 비율은 70% 정도가 된다고 한다. 조선 말기의 양반의 비율과 같다. 조선 초기에 10%인 양반, 조선 말 70%인 양반, 현재 70% 양반 성씨 사이에는 불편한 진실이 있다는 것이다. 60%는 가짜 양반 성씨라는 것이다. 어릴 때 자녀들에게 족보를 보여 주면서 뼈대 있는 사대부집 양반 가문임을 강조하고, 이것을 자랑하는 것이 문화였다. 그런데 알고 보니 7중 6구는 가짜다. 나도 김 씨인데 아마 가짜가 아닐지…! 가짜면 어떤가. 양반으로 갑의 위치에 올라 있으면 된 것이다. 어렵게 오른 갑으로 살려고 했는데 일제의 지배당하며 다시 을이 되었다. 다행히 주권을 다시 찾고 자유민주주의 국가가 되면서 신분상 갑과 을은 완전히 해체되었다.

다시 새로운 갑과 을의 나라

그런데 다시 새로운 갑과 을의 나라가 되었다. 신분에서 돈의 많고 적음과 권력의 위치가 갑과 을로 나뉘게 되었다. 또다시 사람들은 갑과 을로 살아야 했다. 그래도 경제발전과 성장 최우선주의 속에서 노력을 하면 갑이 될 수 있었다. 그런데 갑이 되기 위한 노력으로 수단과 방법을 가리지 않았다. 반칙, 변칙, 불공정, 부정, 부패행위는 갑의 위치로 올라서는데 가장 효과적인 방법이 되었다.

목숨을 다해 을에서 갑이 되고 나니 갑질을 당했던 생각이 난다. 그래서 을에서 갑이 된 우리사회는 생활 속에서 나보다 돈이 없고, 나보다 학력이 낮고, 나보다 나이가 적고, 나보다 힘이 약할 거 같고, 나보다 없어 보이면, "야~, 너~" 하며 반말한다. 권력관계를 넘어 사람과 사람 관계 속에서도 다양한 우위를 통해 지배하고 복종할 수 있는 관계라고 인식되면, 나도 갑질, 너도 갑질을 한다.

이러한 역사와 환경 속에서 살아온 우리들은 갑의 위치가 되면 자연스럽고 당연하게 갑질을 해 왔다. 갑이 되면 을에게 그래도 된다는 의식이 흐르고 있다. 그래서 갑의 위치가 되면 나도 모르게 갑질을 한다. 2014년 코미디빅리그 프로그램 '갑과 을'에서 나오는 영상을 보면 다양한 상황 속에서 정말 우리는 자신이 갑인지 을인지 기가 막히게 알아차린다. 에어컨 사용자와 에어컨 수리사, 식당 주인과 손님 사이의 갑과 을 사이에서 갑이 되면 욕하고, 때리고, 무릎을 꿇리고, 사과를 시키고, 을이 되면 맞으면서도 "죄송합니다." 무릎을 꿇고, 잘못했다고 한 번만 봐달라고 한다. 나중에는 1초 간격으로 갑을이 바뀌게 되는데 그 찰나에도 바뀐 갑과 을로 갑질을 하고 을질을 한다. 방청객들은 연기를 보면서 바로 알아차린다. 누가 갑이고 을인지 그리고 막말하고, 꿇리고, 때리고, 물컵으로 얼굴에 뿌리고, 발로 차는 순간에 웃으며 환호한다.

대한민국 국민은 갑을에 대한 초민감도를 가지고 있다. 대한민국은 갑질·을질의 나라다.

　뼛속까지 흐르는 갑이 되면 갑질을 해도 되는 이 갑질을 어떻게 끊어 낼 수 있을까! 끊어 낼 수 있다. 이 방법은 6장, 지배하지 않는 갑, 복종하지 않는 을로 살아가기, 갑과 을의 동행하기에서 알아보겠다.

6. RISK-4, 내가 부패를?
나도 모르게 하는 '나쁜 부패'

　부패를 알고 하는 사람들은 얼마나 될까? 일반적으로 우리가 아는 부패는 반칙하고 변칙하여 횡령하고, 뇌물을 받는 것들을 부패로 인식하고 있다. 뉴스에 나오는 부패들이다. 경찰에서 검찰에서 법원에서 조사하고 해석이 되어 밝혀진 부패다, 그런데 세상에는 뉴스에 나오지 않은 부패가 더 많다. 아니, 더 많은 정도를 넘어 뉴스에 나오는 우리가 아는 부패는 1%라면 나머지 99%의 부패는 작고, 보이지 않고, 모르는 부패다. 그래서 우리는 나도 모르게 작기 때문에 해도 되는 줄 알고 부패를 하고, 감출 수 있다고 생각하고 부패를 하고, 부패인 줄 모르고 부패를 한다. 보이지 않고 모르는 부패를 보고 알기 위해서는 부패에 대한 이해를 해야 한다. 그리고 혹시 나도 부패를 하고 있는지 적용해 보아야 한다.

부패란?

　「부패방지 및 국민권익위원회의 설치와 운영에 관한 법률(약식명칭: 부패방지권익위법)」에서는 부패를 다음과 같이 정의를 하고 있다. 부패란,

'공직자가 직무와 관련하여 그 지위 또는 권한을 남용하거나 법령을 위반하여 자기 또는 제 3자의 이익을 도모하는 행위, 공공기관의 예산 사용, 공공기관 재산의 취득·관리·처분 또는 공공기관을 당사자로 하는 계약의 체결 및 그 이행에 있어서 법령에 위반하여 공공기관에 대하여 재산상 손해를 가하는 행위, 위 두 가지 행위나 그 은폐를 강요, 권고, 제의, 유인하는 행위'로 정의하고 있다. 세계투명성기구에서는 '사적 이익을 위해 위임된 권력을 남용하는 행위'를 부패로 정의하고 있다.

부패방지권익위법에서는 정의하는 부패를 정리하면 '공직자가 지위·권한을 남용하거나 법률을 위반하여 사적 이익을 도모하는 행위, 공공기관에 재산상 손해를 가하는 행위'를 말한다.

부패의 정의를 간단한 공식으로 만들어 보면 부패는 '공직자 + 직무상 지위·권한 남용 or 법률 위반 + 자신과 타인의 이익 도모 or 공공기관의 재산상 손해 = 부패'의 공식이 성립된다. 간단하게 보이지만 하나하나 연결하고 펼쳐 보지 않으면 부패인지 알 수 없기에 부패는 자신도 타인도 잘 인식하기 쉽지 않다.

나도 공직자로 살아오며 나름대로 청렴하고 하급자들에게 잘해주는 공직자로 살아왔다고 생각했다. 그런데 공직생활 마지막 무렵에 '부패와 갑질' 의미를 처음으로 알고 나서 깜짝 놀랐다. 나의 지난 공직생활 속에 부패와 갑질이 온통 덕지덕지 물들어 있다는 것을 알게 된 것이다.

복사기가 귀했던 시절 딸이 복사를 해 달라고 해서 사무실에서 복사를 했고, 공용차량에 친분이 있는 사람들을 태워 주고, 알리지 말아야 할 경조사를 나도 모르게 직무관련자에게도 알리고, 하급자들의 승진을 위해 인사 담당자에게 전화를 하고, 나의 인사를 위해 아는 상급자에게 전화를 하고, 내가 친한 사람이 나의 직무관련자인데도 신고도 하지 않았고, 내가 할 것을 하급자에게 해 달라고 부탁을 하는 등 이루 말할 수 없이 많다. 부패의 개념을 알고 나니 이 모든 행위가 부패의 공식 '공직자 + 직무상 지위·권한 남용 or 법률 위반 + 자신과 타인의 이익 도모 or 공공기관의 재산상 손해를 주는 행위' 모두 다 부패와 갑질 행위였다.

세상에 다양한 부패들

특권과 관행과 갑질의 고리 속에서 부패를 인식하고 나니 큰부패, 작은 부패, 보이는 부패, 보이지 않는 부패, 아는 부패, 모르는 부패, 부패인 것 같은데 처벌할 수 없는 부패가 보인다. 이 다양한 부패를 알아본다.

① 큰 부패
큰 부패는 뉴스에 나오는 부패들이다. ○○시에 공직자는 5년간 60억 원을 횡령한 사건이 있었다. 이 부패는 나쁜 것임을 알고도 작심하고 하는 부패다.

② 작은 부패
작은 부패는 그냥 그래도 되는 줄 알고 한다. 예를 들어 시간 외 근무 수당, 출장비, 법인카드의 사적 사용, 공용물인 A4지, 펜, 가위의 사적 사용 등 '이 정도는 괜찮겠지'라며 내가 회사를 위해 노력한 것에 대한 보상 심리로 작은 부패가 이루어진다. 부패라는 것을 알지만 작으니까 해도 된다고 생각하고 하는 부패다. 이러한 부패행위는 기껏해야 1시간에 1만 원을 조금 넘는 1년을 부정수급해도 80만 원이 안 되는 경우로 적발이 되면 1만 원에 공직자의 인생을 망치게 된다.

③ 보이는 부패

보이는 부패는 뻔히 보이는데도 하는 부패로 부패한 조직에서 발생하는 부패다. 직무관련자로부터 금품을 수수하는 행위, 시간 외 근무 수당을 부정수급인 줄 알면서도 서로 봐주고 찍어 주고 짬짜미하는 보이지만 하는 부패다.

④ 보이지 않는 부패

보이지 않는 부패는 남들이 모르는 줄 알고 하는 부패다. 보이지 않는 부패는 둘만의 관계 속에서 부정청탁하고 들어주는 경우와 직무관련 사적이해관계자 임에도 불구하고 사적이해관계자 신고 및 회피신청을 하지 않고 모른척하면서 채용, 인허가, 계약 등의 이익을 도모하는 행위이다. 이런 부패가 가장 많이 일어나는 부패다. 그러나 나중에는 다 보이게 된다.

⑤ 아는 부패

아는 부패는 잘못된 부패인지 알면서도 상급자의 지시나, 주변의 분위기, 부패하고 은폐하고 강요·권고하는 행위다.

⑥ 모르는 부패

모르는 부패는 모르고 하게 되는 부패다. 시키는 대로 하고, 관행대로 했는데 알고 보니 부패가 되는 형태다. 상급자의 부당한 지시라는 것을 모르고 열심히 했는데 부패가 되는 경우로 하다 보니 뒤늦게 부패라는 것을 알게 되는 경우다. 공공기관의 대형이권사업과 같은 형태는 최초 사업의 목적은 공공의 이익을 위한 것이었지만 사업이 진행되면서 다양한 이해관계로 얽히고설키며 공익이 아닌 사익을 추구하는 부패가 되는 형태가 되는 경우도 있다.

⑦ 나쁜 부패인데 처벌을 할 수 없는 부패

2021년 ○○기관 공직자들이 직무관련 정보를 이용한 투기를 통해서 막대한 이익을 취득하여 국민의 공분을 일으켰던 사건이 있었다. 정부에서는 국무총리주재하 합동 조사반을 만들어서 강력한 조치를 하겠다고 발표했지만, 논란되었던 공직자들로부터 정보를 주고받아서 투기하여 막대한 이익을 받은 사람들은 처벌할 수 없었다. 이러한 행위가 큰 부패로 국민이 보기에 당연히 벌을 받아야 하는 부패로 보였지만 법에는 공직자가 다른 사람에게 정보를 줘서 투기한 것을 부패라고 되어 있지 않기 때문에 처벌할 수 없었다. 덕분에 이해충돌방지법이 만들어져서 부패의 행위를 더 촘촘하게 하여 3자에게 정보를 주거나 공직자로 받아서 사익을 추구하는 것도 부패로 보완했지만, 여전히 모든 법에는 구멍이 있다.

또한, 주기적으로 공직자들이 골프와 여행 속에서 접대 의혹으로 논란이 되는 부패들이 있다. 이러한 부패는 잘 보이지 않는, 모를 수 있는 부패다. 함께했던 선배님과 아는 사람들끼리 즐겁게 골프 치고 운동하면서 친목을 도모했는데 자세히 들여다보면 함께했던 사람 중에 나의 직무와 관련하여 관계가 있는 사람이 포함되어 있다. 이 가운데 부패가 발생하는 것이다.

부패는 다양한 형태는 서로 연결되어 있다. 이들의 공통점은 은밀하게 이루어진다는 것이다. 그래서 큰 부패도 보이지 않고, 보이는 부패지만 부패로 인식하기 어렵고, 알 것 같지만 잘 알지 못하는 것이 부패다.

공직자가 부패하지 않기 위해서는 부패에 대한 민감도를 높여야 한다. 부패에 대한 정의를 마음속에 두고 작은 부패, 보이지 않는 부패, 모르는 부패도 인식하여 부패에 연루되지 않아야 한다.

부패 공식

공직자(권한을 위임받은 사람)
+
직무상 지위·권한 남용 or 법률 위반
+
자신과 타인의 이익 도모
or
공공기관의 재산상 손해
= 부패

7. 부패한 권력자의 오리발 "난 몰랐어요"

　권력자가 권한을 넘어서 특권을 누리고, 부당한 관행을 주고받고, 불합리한 갑질을 하고, 부패하게 되면 언젠가는 세상에 드러나게 된다. 드러나게 되는 계기도 다양하다. 어떤 사람은 천하의 큰 장사를 하려고 고위공직자로 추천이 되어 청문회에서 드러나고, 선출직 공직자는 후보자가 되어 드러나고, 어떤 권력자는 특권과 관행과 갑질과 부패로부터 피해받은 사람에 의해 드러나고, 어떤 권력자는 그 정도가 지나쳐 넘쳐서 세상 밖으로 드러나고, 어떤 권력자는 믿고 의지하고 함께했던 사람들에 의해 뒤통수를 맞고 드러난다.

오리발을 내밀면 되었던 시대

　요즘, 정부에서 고위공직자를 임명하는데 너무 힘들다. 고위공직자를 임명하는데 청문회 통과하기가 하늘의 별 따기다, 전 정부도, 현 정부도 이제는 청문회를 통과하여 논란 없이 임명되는 고위공직자를 찾아보기 힘들다. 그런데 과거에는 고위공직자 후보로 청문회에 섰을 때, 야당 의원들이 온갖 의혹들을 찾아서 질문하고, 후보자는 답변했다.

야당 의원: 후보자님, 그때 ○○○에서 근무할 때 ○○○ 아세요?
후보자: **잘 모르겠는데요.**
야당 의원: 그때 그 사람에게 특혜를 준 것 아닌가요?
후보자: **기억이 안 나는데요.**
야당 의원: 배우자가 운영하는 회사와 거래한 거 아세요?
후보자: **잘 모르겠는데요.**
야당 의원: 함께 골프도 치고 했다는 사실이 있습니다.
후보자: **잘 기억이 안 납니다.**

이것이 청문회였다. 그리고 잘 모르고 기억이 안 나도 통과되어 고위공직자로 임명이 되었다. 다행히 최근 들어서는 기억이 안 나고, 잘 모르겠다는 말이 통하지 않는다. 그 이유는 세상이 다 알고 있다. 하늘이 알고, 땅이 알고, 핸드폰이 알고, CCTV도 알고 다 알고 있다. 고위공직자가 지난날 과거에 반칙하고 변칙하고 부정하고 부패했던 것들이 의혹이 아니라 사실로 곧 드러나기 때문이다. 더해서 고위공직자 후보자 자신뿐만 아니라 배우자와 부모, 자녀까지도 연루된 비윤리적 행위의 의혹까지 확산이 되면서 자진 사퇴는 물론 모든 것을 잃기도 한다.

오리발이 통하지 않는 시대

오리발이 잘 통하지 않는 시대가 되었다. 그러나 사람은 본능적으로 오리발을 내민다. 내가 공직 생활간 공직기강 업무를 수행하면서 금품수수, 청탁, 갑질, 괴롭힘 등 비위행위에 대한 신고를 받고 사실 확인을 위해서 조사를 하는 과정에서 피조사자들이 공통적으로 똑같이 하는 말이 있다. **'기억이 안 난다.', '난 몰랐다.', '난 해 달라고 하지 않았다.', '난 가족 같아서 친해서 그랬다.'**

오리발 해석하기

① '난 그런 줄 몰랐다.'

이 뜻은 법을 위반하는 행위인 줄 몰랐다는 말이다. 이 경우에는 그 잘못한 행위는 인정하는 말이다. 잘못인지 모르고 했다는 것이다. 잘못인지 모르고 금품수수를 받고, 잘 못인지 모르고 갑질을 하고, 잘못인 줄 모르고 경조사를 통보한 것이다. 그러나 위반은 위반이다.

② '난 몰랐다.'

이 답변이 나오면 힘들어진다. 진짜 몰랐는지, 알았는데 몰랐는지에 따라 처벌이 될 수 있고 처벌을 면할 수 있기 때문이다. 그래서 법을 알고 빠져나가려고 하는 사람들은 대부분 '난 몰랐다.'라고 말한다. 반부패 법령에서 위법의 기준은 공직자가 몰랐을 때는 처벌하지 않는 경우가 많다. 청탁금지법, 이해충돌방지법에서 '알았을 때'를 기준으로 처벌 여부가 결정된다. 청탁금지법에서는 공직자등의 배우자는 공직자등의 직무와 관련하여 공직자 등이 받는 것이 금지되는 금품 등을 받거나 요구하거나 제공받기로 약속해서는 아니 된다고 명시했다. 공직자는 배우자가 부정금품을 받은 것을 **알았을 때** 지체 없이 거절·반환하게 하고, 소속기관에 신고해야 한다. 이때 공직자가 배우자가 부정금품을 받았는지 몰랐다면 신고를 할 수 있을까? 당연히 없다. 그래서 청탁금지법에서 공직자의 배우자도 부정금품을 받으면 안 된다고 정하고 있지만 공직자가 몰랐다면 배우자도, 공직자도 처벌하지 않는다. 이유는 공직자가 몰랐다면 부정금품의 대가로 직무관련하여 대가성 행위를 할 수 없기 때문이다. 하지만 지위와 직무관련 영향력으로 받은 부정한 금품을 수수한 것이다.

이해충돌방지법에서는 이해충돌방지를 위한 방법으로 5가지의 신고가 있다. 이 중 3가지의 신고가 '**알았을 때**' 신고하는 것이다. 직무관련하여 사적이해관계자임을 **알았을 때**, 공공기관 관련 부동산을 가지고 있는지, 사고팔았는지 **알았을 때**, 자신의 배우자와 직계존비속 등이 자신의 직무관련자와 거래를 한 것을 **알았을 때** 신고의 의무가 있다.

한마디로 몰랐다면 신고를 할 수 없을뿐더러 신고를 안 해도 된다는 것이다. 또한 「이해충돌방지법 직무상 비밀 등 이용금지 조항」에서는 '공직자로부터 직무상 비밀 또는 소속 공공기관의 미공개정보임을 **알면서도** 제공받거나 부정한 방법으로 취득한 자는 이를 이용하여 재물 또는 재산상의 이익을 취득하여서는 아니 된다.'라고 정하고 있다. 직무상 비밀·비공개 정보인지 몰랐다면 정보를 이용해서 투기해도 죄가 성립되지 않는 것이다. 정말 공직자가 몰랐다면 금품을 받고 대가 행위를 하지 않았을 것이고, 사적이해관계자에게 특혜를 제공하지 않을 것이고, 공직자가 준 부동산 정보를 이용하여 투기하지 않을 것이고, 배우자와 직계존비속이 거래한 직무관련자에게 특혜를 제공하지 않을 것이다. 하지만 몰랐다고 해서 공직자는 자유로울 수 있을까! 당장 법 위반은 회피할 수 있지만 의혹과 논란 속에서 모든 것을 잃을 수 있다.

③ '난 해 달라고 하지 않았다.'

이 경우는 공직자나 배우자가 부당한 대접을 받고 나서 논란이 될 때 하는 말이다. 이렇게 말하면 죄가 없을까? 공직자는 해 달라고 하지 않았는데 받지 말아야 할 금품을 받았다면 처벌이 된다. 그런데 공직자의 배우자는 공직자가 받지 말아야 할 금품을 받으면 안 되지만, 받고서 배우자인 공직자에게 말을 안 하면 앞에서 설명한 것처럼 공직자가 몰랐기에 어떤 문제도 되지 않는다. 그렇지만 세상이 알려지면 비난을 받는다. 이럴 때 쓰는 말이 바로 비난을 면하기 위해 '난 해 달라고 하지 않았다.'라고 하는 것이다. 그렇지만 이것은 공직자가 받은 것과 다름이 없다. 왜냐하면 공직자의 지위와 직책으로부터 유래되는 영향력을 통해서 해 준 것이기 때문이다. 공직자의 배우자로 살아가려면 공직자와 똑같은 마음으로 청탁금법과 이해충돌방지법을 알고 지켜야 한다. 그리고 달라고 하지 않았는데 준다고 하더라도 거절하고 반환하고 배우자인 공직자에게 알려 줘야 한다.

④ '가족 같아서 친해서 그랬다.'

이 경우는 갑질을 하고 나서 하는 공통적인 말이다. 갑질한 피해자가 가족 같고 친해서 반말하고, 욕설하고, 성희롱 발언을 하고, 정신적·육체적인 괴롭힘을 했다는 것이다. 피해자들은 죽을 만큼 괴롭고 힘든데 이들은 친하다고 가족 타령을 한다. 이 말도 자신의 잘못을 인정하지 않고 합리화하기 위한 말이다. "우리는 가족이다." "우리는 식구다." "우리는 하나다." 평소에도 이런 말과 행동을 하는 사람들은 대부분 갑질러다. 가족이나 식구는 구호로 되는 것이 아니다. 진정 가족같이, 식구같이 하면 하나가 된다.

'난 그런 줄 몰랐다.' '난 몰랐다.' '난 해 달라고 하지 않았다.' '가족 같아서 친해서 그랬다.' 이 네 가지의 답변을 들으면서 많은 생각을 한다. 정말 몰랐을까, 왜 몰랐을까, 그래도 되는 것인가. 이제 이런 변명의 답변을 하지 않기 위해서는 알아야 한다. 그런 금품을 받으면 안 되고, 갑질과 괴롭힘을 하면 안 된다는 것을 민감하게 알아차려야 한다.

지금 세상에 오리발은 통하지 않는다. 본인은 몰라도 하늘이 알고, 땅이 알고, CCTV가 알고, 스마트폰이 알고, 세상이 다 아는 것은 시간 문제다. 오리발을 내밀면 더 까 보게 되고 논란이 되어 창피를 당하게 되어 있다.

**권력자를 망치는
특권과 관행과 갑질과 부패**

매일매일 두려움을 느끼고

혹시, 나도
누리지 말아야 할 특권을!
나쁜 관행을!
하지 말아야 할 갑질을!
사적 이익을 위한 부패를!
하고 있지 않은지
자기 거울을 들여다보아야 한다.

Chapter 3

청렴해야 할 사람들을 부패하게 하는 사람들

1. 당신은 청렴(행복)하신가요? (청렴 = 행복 공식)

"여러분은 행복하신가요?"

 이렇게 대한민국 국민에게 질문을 하면 어떤 대답이 돌아올까? '그걸 말이라고, 질문이라고 해?' 자살률은 1위, 출산율은 꼴찌, '헬조선'과 '탈조선'이라는 표현을 통해 자신이 살고 있는 이 땅을 불행하게 생각하고 만들어 가고 있다. 그래서 행복하냐는 질문 자체도 그 사람에게 불편하게 하는 이야기로 들릴 수 있다. 우리는 왜 행복하지 못할까? 경제적으로 사회적 문화적으로 대한민국은 세계 10대 국가가 되어 다른 나라들은 대한민국 경제와 문화를 배우고 부러워하고 있는데 우리는 정작 왜 행복하지 못하고 있을까?

 시장조사 전문기업 엠브레인 트렌드모니터(trendmonitor.co.kr)가 2019년 전국 만 19세~59세 성인남녀 1,000명을 대상으로 '현대인의 정신건강'과 관련한 인식 조사를 실시한 결과, 많은 사람이 현재의 삶에서 행복을 느끼지 못하고, 다양한 심리적 고통 및 증상을 앓고 있는 등 현대인의 정신건강 상태가 상당히 우려되는 수준인 것으로 조사되었다. 이 질환의 원인으로는 지나친 경쟁 사회(57%), 경제적 어려움 증가(44.7%), 양극화 현상에 의한 차별 심화(28.1%), 공정하지 못한 사회(27.7%), 개인화된 사회(26.1%) 등 순으로 나와 있다. 행복을 방해하는 원인이 지금의 우리 한국 사회의 일반적인 현상들이다.

행복한 나라는 어떤 나라일까?

'대한민국은 행복한 나라일까? 세계에서 행복한 나라로 몇 번째일까? 유엔 산하 지속가능 발전 해법 네트워크(SDSN)가 매년 세계행복보고서를 발표한다. 2024년도 행복보고서에서 대한민국은 143개국 중 52위, OECD 38개국 중에서는 33위를 차지했다. OECD 국가 중에 한국보다 행복도가 낮은 국가는 5개국뿐이었다. 대한민국의 '행복지수'에 대해 우리는 스스로 행복하지 못하다고 느끼고 있는 것도 사실이다. 경제적 규모로서는 세계 10위권의 나라로서 행복은 묘연하기만 하다.

그런데 세계행복보고서에 따르면 세계에서 가장 주관적 행복도가 높은 국가는 핀란드인 것으로 밝혀졌다. 7년 연속 1위를 차지한 핀란드의 뒤를 이은 것은 덴마크와 아이슬란드를 비롯한 다른 북유럽 국가였다. 대부분 북유럽 사람들이 행복하다고 한다. 이들 나라들의 행복은 어디에서 오는 것일까? 북유럽 사회가 행복한 개인을 키우는 방법 「우리는 미래에 조금 먼저 도착했습니다」의 저자 아누 파르타넨 작가가 말하는 북유럽 국가들이 행복의 이유는 사회적 합의를 바탕으로 투명한 시스템을 하나의 이유로 꼽았다. 사회적 합의는 이해관계가 다른 정부와 공직자 일반 사회 기업과 시민 모두가 합의를 통해서 공동의 이익을 위해 반칙하고 변칙하고 갑질하고 부패 없이 투명한 사회를 당연하게 생각하는 것이다.

이들 북유럽 국가의 특징이 있는데 청렴도가 높다는 것이다. 국제투명성기구(TI)에서 2025년에 발표한 2024년도 국가 청렴도 순위를 보면 1위에서 10위까지 덴마크, 핀란드, 뉴질랜드, 노르웨이 스웨덴, 스위스 네덜란드, 아일랜드 대부분의 국가가 행복한 국가라고 하는 북유럽 국가이다.

행복하기 위해 청렴해져야 한다

세계행복지수와 세계국가 청렴도 순위의 공통점이 있다. 행복한 나라와 청렴한 나라가 1~10위 안에 대부분 들어 있다는 것이다. 여기에 행복과 청렴 공식이 나온다. '행복 = 청렴'이라는 공식이다.

2024년 세계행복보고서 = 국가별 청렴도

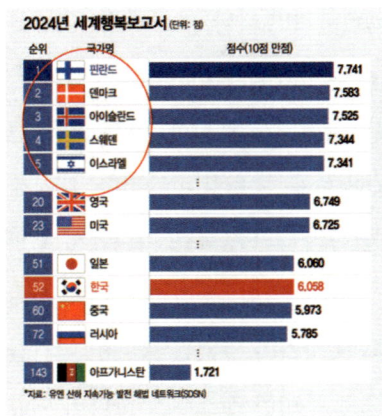
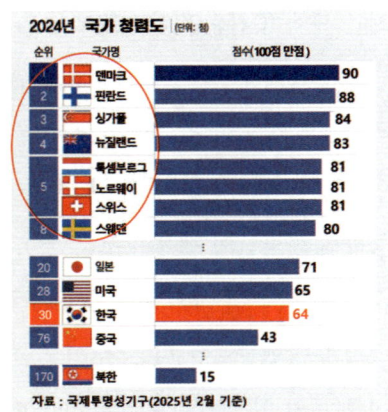

우리나라의 행복순위 52위 = 청렴순위 30위이다. 다양한 가치와 갈등 속에 행복하지 않다고 하지만, 우리는 행복한 대한민국으로 만들어 나가야 한다. 지금 우리가 사는 세대뿐만 아니라 다음의 세대를 위해 행복한 나라를 만들어야 한다. 행복한 나라를 만드는 방법 중 가장 쉽고 확실한 방법이 바로 청렴도를 높이는 것이다.

청렴해지면 행복해지는 이유는 청렴지수가 높을수록 부패가 낮아지며 사회의 안정성을 증가시킨다. 안정된 사회는 시민들이 안전하게 살 수 있는 환경을 제공하여 행복지수에 긍정적인 영향을 준다. 청렴해지면 공정한 경제 및 기회가 확대된다. 모든 시민이 공평한 기회를 누리고 각자의 노력에 따라 보상을 받을 수 있으며, 이로 인해 갈등이 사라지고 행복 수준이 높아진다. 또한 청렴해지면 정부와 공공기관에 대한 신뢰가 높아진다. 시민들이 정부의 투명성과 공정성에 믿음을 가지고, 사회적 신뢰가 증가하며, 행복지수에 긍정적인 영향을 미친다. 마지막으로 청렴하면 사회 내의 갈등이 감소하고, 시민들 간의 연대감이 올라가면서 사람들과의 관계 속에서 행복해진다.

이를 위해서 우리 대한민국도 북유럽 국가들처럼 청렴이라는 가치가 사회적 합의가 되어야 한다. 반칙하고 변칙하고 불공정하고 부패를 서로 싫어하고 견제하고 눈총을 주고 부패하지 못하게 만드는 것이다. 그렇게 할 때 사회적 안전성 증가와 공정한 기회와 정부와 공공기관에 대한 신뢰, 사회적 연대를 통해서 대한민국도 모두가 행복해질 수 있다. 청렴이 행복한 대한민국의 미래를 만들어 내는 가치로 합의를 해 나가야 한다.

너·나 우리 모두가 행복하기 위해서는
너·나 우리 모두가 청렴해야 한다.
너·나 우리 모두가 청렴하면
너·나 우리 모두가 행복해진다.
청렴은 너와 나 우리 모두의 행복이다.

행복 = 청렴

2. 청렴해야 할 '公'자가 들어간 직업을 가진 사람들

 청렴해야 할 사람들은 너와 내가 따로 없다. 모든 사람이 청렴해야 한다. 그중에 더 청렴해야 할 사람들이 있다. 이 사람들의 직업 자체가 청렴을 근간으로 하는 사람들이다. 바로 공(公)자가 들어간 직업을 가진 사람들이다. 공(公)자가 들어간 직업을 가진 사람들은 누가 있을까? 공무원, 공직자, 공직자 등, 공무수행사인, 공인이다. 요즘 공인의 범위는 연예인, 체육인, 너튜버, SNS 하는 사람들 등 범위는 확장이 되고 있다. 이 책에서는 공직자를 중심으로 하되 일반 공인의 범위까지 확장하여 설명할 것이다.

 이 사람들이 청렴해야 하는 이유는 타의든 자의든 권한(올바른 나눔)을 위임 받은 사람들이다. 위임한 권한이 많으면 많을수록 지켜야 할 청렴의 기준은 더 높고 폭도 넓다. 권한이 많은 공직자의 청렴의 기준에는 몇십 년 전의 비윤리적인 행위에도 잣대를 들이댄다. 고위공직자가 되기 위해 청문회를 하게 된다. 청문회를 통해 그동안 고위공직자 후보자가 과거에 살아왔던 삶이 검증된다. 검증의 범위도 자신뿐만 아니라 배우자는 물론 부모, 자녀에 이르기까지 도덕적·윤리적인 문제가 없었는지 확인한다.

그동안에는 아무 문제가 없었다고 생각했던 일들이 불거진다. 10년 전, 20년 전에 표현했던 말과 행동들이 큰 파문이 일어나고 결국은 사퇴한다. 고위공직자의 청렴은 이제 선택이 아닌 필수가 되었다.

그렇다면, 고위직이 아닌 권한이 낮은 사람들은 청렴해야 하는 의무에 자유로울까? 가끔 청렴교육을 하면서 느끼는 감정은 나는 권한도 없고 직급도 낮아서 청렴교육을 안 받아도 되는데 라는 생각을 가지고 있는 공직자가 많다. 큰 오해를 하고 있는 것이다. 청렴은 지위와 권한이 높고 낮음 없이 '공(公)'자가 들어간 직업을 가지고 있는 사람들은 청렴하게 살아가야 할 사람들이다.

공(公)자가 들어간 직업을 가진 사람들

공(公)이 들어간 직업을 가진 사람들은 누구일까? 우리나라에는 공자가 들어간 직업을 가진 다섯 가지 신분의 사람들이 있다. **첫 번째 사람은 '公무원'이다.** 해방이 되어 정부가 수립되면서 국가로부터 공무원으로 임명된 사람 '공무원'이 제일 먼저 생겼다. **두 번째는 '공직자'이다.** 국가의 경제 규모와 사회 분야가 확장되고 커지며 공적인 영역에서 일을 할 수 있는 사람들이 필요하여 공공기관, 공직유관단체가 생기게 되고, 이곳에서 일하는 사람들을 '공직자'라고 한다. **세 번째는 '공직자등'이다.** 공직자등은 사립학교와 언론인이다. 공직자등은 2016년 청탁금지법이 제정되면서 공자에 직업 속에 포함된 사람들이다. 청탁금지법은 공적인 영역에서 일하는 사람들이 자신의 권한과 법령을 위반하여 사익을 추구하는 방지하기 위한 것으로 공무원과 공직자뿐만 아니라 사립학교와 언론인이 포함이 되었다. **네 번째는 공무수행사인이다.** 공무수행사인은 신분상 공무원, 공직자, 공직자등은 아니지만 공적인 일에 위촉, 위임, 파견 등으로 실질적으로 공적인 일을 하는 사람들이다. 공공기관과 학교에 심의위원회 등 기관마다 다양한 공무수행사인들이 존재한다. 마지막 **다섯 번째 공(公)자가 들어간 사람은 '공인'이다.** 공인은 표준국어대사전에는 '공직인 일에 종사하는 사람'이라고 정의하고 있다. 엄밀히 적용하면 앞서 이야기한 공무원, 공직자, 공직자등, 공무수행사인이 해당한다. 그런데 지금 우리사회에 공인의 범주가 넓어졌다. 연예인, 체육인, 유튜버, 홈쇼핑호스트 등 다양한 영역에 있어 스스로 공인이라고 말하고 있다. 이들은 공자가 들어간 직업을 가진 사람이 아니지만 윤리적, 도덕적인 문제로 경찰서 포토라인에 서게 되면 "공인으로서 물의를 일으켜 죄송합니다."라고 스스로 말한다. 공인의 범위가 재정의되고 있다. 공인은 국가와 사회, 다른 사람들에게 영향을 미치는 사람, 인플루언서, 더 나아가 기업인들까지 공인이 되고 있는 것이다.

공무원, 공직자, 공직자등, 공무수행사인 + 공인까지가 바로 청렴해야 할 이유는 공(公)자의 의미에서 알 수 있다.

올바른 나눔의 "공(公)"자의 의미

한자로 공(公)자의 의미를 살펴보면 공자는 나눌 분(分)에서 여덟 八와 개인 私에서 사사로울 厶 부수사 붙어서 公(八+厶자)가 되었다. 여덟 팔은 근본적으로 나눈다는 뜻을 가지고 있다. 시장에 팔러 간다고 했을 때 파는 팔자가 나누는 것이다. 어떻게 나누는가? (分) 칼같이 나눈다. 무엇을 나누는 것일까? (私) 개인의 몫을 나누는 것이다. 공(公)자는 사람들 간의 개인의 것을 칼같이 공정하게 나눈다는 뜻이다. 이러한 직무를 수행하는 사람이 바로 말 그대로 公자가 들어간 公人이다.

태초에 공인은 없었다. 그런데 사람들이 모여 살면서 서로의 사적이익을 위해 싸우기 시작했다. 이러한 분쟁을 하지 않고 서로가 행복하게 살아가게 해 달라고 올바른 나눔을 할 수 있는 공무원, 공직자, 공직자등, 공무수행사인을 선발하여 권한을 준 것이다. 이렇게 공정하게 잘 나눠 달라고 맡겼는데 위임된 권한을 이용하여 사적이익을 추구하는 것은 공인의 목적에 반하는 것이고 국민에 대한 배신이 되는 것이다. 그래서 공직자의 작은 부패에도 국민들은 화를 내는 것이다.

공(公)자 들어간 사람들이 청렴해야 하는 이유

청렴해야 할 공무원, 공직자, 공직자등, 공무수행사인을 넘어 연예인과 같은 공인들까지 왜 청렴해야 할까. 청렴해야 하는 이유는 공인의 영향력에 있다. 유재석 연예인이 나오는 즐겨보는 TV 연예 프로그램이 있다. 〈놀면 뭐하니〉에서 블라인드 테스트를 통해 함께할 가수들을 선발하는데, 출연자는 이들이 알 수 있는 친한 사람들이 있었다. 출연자들은 꼭 선발되어서 함께하게 되면 연예인으로서 제2의 인생을 다시 시작할 절실한 사람들도 있었다. 노래를 들으며 '아~ 누구 같은데' 하는 예측도 한다. 나는 이 프로그램을 보면서 누군가를 선택을 하는데 있어서 이 네 사람의 영향력에 대해 생각해 보았다. 그리고 공정한 선택을 하는지도 살펴보았다. 안다고 해서 친하다고 해서 그 사람을 선택하는 것이 아닌지에 대한 의심이다. 이 외에도 요즘 미스(터)트롯 등 다양한 가수를 꿈꾸는 프로그램에서 심사하는 공인인 연예인들의 공정성의 아슬아슬한 장면도 느끼게 된다. 한 번은 출연자가 자신의 가족이 나왔다. 어떤 경우는 자신이 운영하는 소속사에 포함된 출연자였다. 과연 여기서 심사하는 공인들은 공정한 선택을 할 수 있었을까? 여기에 출연한 모든 사람은 자신의 인생을 건 경연에 결과에 따라 공정성에 대한 의심이 발생하게 된다.

궁극적으로 다른 사람들에게 영향을 미치는 일반인 공인도 자신에게 부여된 권한을 행하는데 있어 올바른, 공정한 선택을 해야 하는 사람들이 된 것이다. 공무원, 공직자, 공직자등, 공무수행사인은 공적인 위임된 영향력이 있다. 연예인과 같은 공인은 공적인 권한이 위임되지 않았지만 대중에게 영향력이 더 클 수도 있다. 왜냐하면 팬들과 대중에게 광고를 통해서 물질적으로 연예 활동을 통해 정신적으로 나눔을 주고 있기 때문이다.

공자가 들어간 사람들은 청렴하고 윤리적이지 않으면 그동안 어렵게 쌓아 올린 모든 것을 한순간에 잃을 수 있다. 또한 청렴하기 싫은 사람은 공자가 들어간 일을 하지 말아야 한다. 공무원, 공직자, 공직자등, 공인, 공자가 들어간 사람들은 청렴을 먹고살아야 한다.

청렴하기 싫으면 공자가 들어간 직업을 하지 마라.

3. 공인을 부패하게 하는 사람들 TOP-10

청렴해야 할 '公'자가 들어간 사람들인 공인들을 부패하게 만드는 사람들이 있다. 2021년, 30년의 공직생활을 마치자마자 청렴강사로서 제2의 인생을 시작했다. 그런데 이때는 코로나로 인해서 온 세계가 고통을 받고 있던 시기였다. 강사로 살아가기로 시작하자마자 강의를 할 수 없는 상황이 된 것이다.

이때 청렴강사만이 할 수 있는 상상을 해 보았다. 코로나와 부패의 공통점을 생각한 것이다. 코로나와 부패의 공통점이 무엇이 있을까? 강의를 하면서 이 질문을 하게 되면 기발한 공통점을 말해 주신다. 딱 봐도 공통점이 있다 코로나, 부패 모두 '나쁘다, 우리를 힘들게 한다, 전염이 된다, 예방을 해야 한다, 걸리면 죽을 수 있다.' 등 다양한 공통점을 말씀해 주신다.

내가 생각한 코로나와 부패의 4가지 공통점이다. **첫 번째는 가까운 사람으로부터 걸린다는 것이다.** 코로나와 부패는 모르는 사람과 걸리지 않는다. 함께 한집에서 사는, 함께 밥 먹는 사이, 선물 주고받는 사이, 사랑하는 사이, 잘해 주고 싶은 사이, 한마디로 친한 사이에서 걸린다. **두 번째로 원칙을 지키지 않으면 걸린다.** 코로나에 걸리지 않으려면 마스크 착용하기, 사회적 거리 두기 등 원칙을 지켜야 하듯이, 부패에 걸리지 않으려면 공직자로서 지켜야 할 공정과 법령에서 정하는 원칙을 알고 지켜야 한다. **세 번째 방심하면 걸릴 수 있다.** 코로나도 부패도 방심하면 걸린다. 마지막 **네 번째로는 예방 백신이 있다는 것이다.** 코로나 백신이 있듯이 부패를 예방하기 위한 백신이 있다. 백신은 청렴교육이다. 청렴교육을 잘 들으면 공직자로 살아가면서 부패에 걸리지 않도록 청렴 백신을 맞는 거다.

위 네 가지 공통점 중에 가장 첫 번째의 공통점이 바로 함께 밥 먹고 사랑하고 잘해 주고 싶은 사람들, 이 사람들이 바로 사적이해관계자다. 이 사람들이 공직자를 부패에 걸리게 하기 쉬운 사람들이다.

공직자가 아무리 청렴하게 살려고 해도 사랑하고 한집에 살고, 함께 밥도 먹고, 주고받으면 잘해 주고 싶은 사람들이 부탁하고, 유혹하면 넘어가지 않기 쉽지 않다. 지난날 대한민국의 부패는 대부분 사적이해관계자들에 의해 발생이 되었다.

2021년 ○○ 기관의 내부정보를 이용한 투기 의혹 관련 정부합동특별수사본부에서 1년간 엄정하게 수사를 해서 투기 의혹이 있다고 검찰에 넘겨진 사람 중 일반인은 3,827명으로 90%에 달했다. 지방 공무원은 114명(2.7%), 공직자 친족은 97명(2.3%), 국가공무원은 83명(2%), LH 직원은 60명(1.4%)으로 집계됐다고 발표했다. 내부 정보를 이용하여 투기에 연루된 사람 중 공직자가 10%고 나머지 90%는 일반인이다. 바로 공직자의 사적

이해관계자와 잘해 주고 싶은 사람들에게 정보를 주어서 투기를 한 부패인 것이다. 또한 대표적인 공적기관이라 할 수 있는 ○○은행 그룹 회장의 350억 원 불법·부당대출 사건, 오스람임플란트 횡령사건 등에 있어 모든 직간접적인 원인에는 사랑하는 친인척과 사적이해관계자들이 있다.

공인과 연결된 사람들은 혈연, 지연, 학연, 근무연, 요즘은 흡연에 의해 만들어진다. 흡연할 장소가 건물별로 한정이 되어 있다 보니, 하루에 몇 번씩 흡연장에 만나서 친해져서 연줄이 되는 흡연이다. 연줄은 이외에도 힘이 있는 사람들에게 연결되는 줄을 만들고 더 튼튼한 동아줄로 만들기 위해 연결된 사람들이 최선의 노력을 다한다. 공인과 연결된 연줄들은 한 공동체가 되어 밀어 주고 끌어 주고 안아 주고 더 견고한 카르텔로 진화해 나가며 공인의 권력을 더 높여 나간다. 높아진 공인은 위임된 권력(권한)을 남용하여 카르텔과 연결된 사람들 이익을 위해서 특혜를 주고, 알선을 해 주고, 정보를 알려 주는 부패를 한다.

공인을 부패하게 만드는 TOP 10인 사람들

공인을 부패하게 만드는 사람들을 소개한다. 이 사람들은 이해충돌방지법과 청탁금지법과 공직자 행동강령에 등장하는 사람들이다. 공인들을 부패하게 만드는 데 타율이 높은 사람들이다. 타율 순위는 다음과 같다.

① 1번 타자는 공인의 배우자이다
당연히 공인과 배우자는 한 몸이다. 그래서 이해충돌방지법에서 이해

충돌방지를 하기 위한 10개의 액션 조항이 있는데 이 중 배우자는 5개 조항에 등장한다.

② 2번 타자는 공인의 직계존비속이다

아들, 딸, 부모, 손녀도 포함된다. 직계존비속도 배우자와 같이 이해충돌방지법 5개 조항에서 등장하는 사람들이다. 1번 타자와 함께 우열을 가릴 수 없는 공인들을 부패하게 만드는 사람들이다.

③ 3번 타자는 공인의 가족이다

가족은 앞에서 등장한 배우자, 직계존비속을 포함한 민법 779조에서 정하는 직계혈족의 배우자, 배우자의 직계혈족 및 배우자의 형제자매로 이분들은 이해충돌방지법 역시 5개 조항에 등장하는데 생계를 같이하는 경우에 적용이 된다.

④ 4번 타자는 특수관계사업자가 등장한다

여기서 특수사업자란 앞에서 등장했던 1번, 2번, 3번 타자들인 배우자, 직계존비속 등 가족과 이해관계가 있는 법인, 단체를 말한다. 특수관계사업자도 이해충돌방지법 5개의 조항에 등장한다.

⑤ 5번 타자는 공인과 함께 근무했던 사람들이다

이해충돌방지법 2개의 조항에 등장한다. 함께 근무했던 사람은 두 종류다, 공직자로 임용 전에 다양한 관계 속에 함께 근무했던 사람들과, 공직자로 함께 근무했던 퇴직 공인들이다.

⑥ 6번 타자는 형제·자매가 등장한다

형제·자매는 이해충돌방지법에 한번 등장한다.

⑦ 7번 타자는 공인과 거래했던 사람들이다

공인과 돈과 물품, 용역 등 무엇인가 주고받은 사람들이다. 이해충돌방지법에는 구체적으로 1회 100만 원, 연간 300만 원을 빌리거나 빌려주었던 사람들이다.

⑧ 8번 타자는 지금 모시고 있는 상급자들이다

상급자는 공직자 행동강령에 등장한다.

⑨ 9번 타자는 지연·학연·종교를 통해 아는 사람들이다

이분들도 공직자 행동강령에 등장하는데 사실 9번 타자들이 카르텔 속에서 공직자를 부패하게 하는 경우가 많다.

⑩ 10번 타자는 내가 스스로 공정한 직무수행이 어렵다고 생각하는 사람들이다

위의 사적 이해관계자 외에 다양한 관계 속에서 알게 된 사람들 중에 잘해 주고 싶은 마음에 공정한 직무수행이 어려운 사람, 직무수행에 영향을 미칠 수 있는 사람들이다.

공인을 부패하게 하는 사람들 TOP 10

1번 타자. 공직자의 배우자

2번 타자. 공직자의 직계존비속(부모, 자녀, 손녀)

3번 타자. 배우자, 직계존비속 외 가족들

4번 타자. 특수관계사업자들

5번 타자. 함께 근무했던 회사의 사람들

6번 타자. 형제자매

7번 타자. 돈 빌리고 빌려줬던 사람들

8번 타자. 지금 모시고 있는 상급자들

9번 타자. 지연·학연·종교로 아는 사람들

10번 타자. 공정한 직무수행에 영향을 미칠 수 있는 사람들

10명의 소개한 사람들이 부패 방지 법령에 자주 등장하는 사람들이다. 이 사람들과의 이해관계 속에서 부패가 발생하기 때문이다. 그래서 공인들이 부패를 방지하기 위해서는 위에서 등장하는 사람들을 조심하면 된다. 조심한다고 잘해 주지 말라는 것이 아니다. 사랑하는 사람들에게 잘해 줘야 한다. 조심해야 하는 것은 공인의 직무와 관련하여 10명의 사람들이 등장하면 이해충돌방지법에서 정하는 신고·제한·금지의 행위를 함으로써 자신의 권한과 영향력을 이용하여 잘해 주고 싶은 마음을 방지를 해야 한다.

또한 공인 자신뿐만 아니라 위에서 등장하는 사람들도 공인이 이해 충돌을 방지하여 부패하지 않도록 도와줘야 한다. 공인이 직무수행에 부당

한 영향을 미치거나, 공정한 직무수행이 어려운 행위를 바라거나 하면은 안 된다.

**공인을 부패하게 하는 TOP – 10 사람들이
공직자의 직무관련자(영향을 받는 자)로 등장하면
알아차리고**
이해충돌을 방지하여 공과 사를 구분해야 한다.

4. '공사다망' 속에서 공(公)과 사(私) 구분하기

공사가 다망하다

모든 공인에게는 공과 사가 있다. 지위가 높아지고 권한이 많아질수록 공과 사가 바쁘다. 이런 것을 한자성어로 공사다망(公私多忙 - 바쁠 망), 공적인 일과 사적인 일로 매우 바쁘다는 뜻이다. 이렇게 공사가 다망해지면 공사를 구분하지 못하기 시작한다. 공사 구분을 못 하면서 공과 사를 넘나들게 되고 나도 모르게 사적인 일에 공적인 지위와 권한을 사용하게 된다. 결국 공과 사를 구분하지 못해서 공사다망(公私多亡 - 망할 망)이 된다.

공인의 권력과 사적이익을 끊어 내기 위해서는 공과 사를 구분할 줄 알아야 한다. 공과 사는 '공공사사(公公私私)', 공(公)은 공(公)이고 사(私)는 사(私)라는 뜻으로 이해관계에서 공과 사를 엄격히 구분하여야 함을 이르는 말이다. 공인에게 위임된 나눔을 할 수 있는 권한은 공(公)이다. 권한은 오로지 공적인 목적에만 사용되어야 한다. 이 권한이 공(公)적인 목적을 넘어서 사(私)적인 목적이 되면 부패가 되는 것이다. 그런데 공인도 사람인지라 다양한 이해충돌 속에서 공과 사를 잘 구분하지 못하게 된다.

공인의 '공사다망'

공인은 '공사다망'한 가운데 공사를 잘 구분해야 한다. 나는 공사 구분을 잘하고 있을까? 자가진단 넌센스 테스트 질문이다. **①번 '공사가 다망하다.', ②번 '공사가 다 망하다.', ③번 '공 사 가다 망하다.'** 이 세 가지 ①, ②, ③번의 공사다망의 의미를 구분할 수 있는가? 이 문장의 뜻을 잘 구분할 수 있다면 공과 사에 아주 민감하고 공과 사 구분을 잘하는 사람이다. ①, ②, ③번이 각각 어떤 의미를 가지고 있는지 구분해 보겠다. ①번 '공사가 다망하다'는 앞서 설명한 것과 같이 공과 사로 바쁘다는 뜻이다. ②번 '공사가 다 망하다'는 뜻은 건설이나 건축공사가 다 망했다는 뜻이다. ③번 '공 사 가다 망하다'는 축구공 같은 바람 들어간 공을 사서 가다가 터졌다(망했다)는 뜻이다. 이렇게 '공사다망'은 문장의 미세한 띄어쓰기에 따라 완전히 다른 의미를 가지고 있다. 그래서 공인은 공사다망한 가운데, 공사가 다 망한 것인지, 공 사 가다가 망한 것인지 민감하게 구별하고 행동하여야 한다. 그렇지 않으면 **公私多忙 공사로 바쁜 가운데(忙)에서 공정의 마음(心)이 없어지고 망(亡)자가 된다. 公私多亡(망할 망)**, 부패로 망하게 되는 것이다.

"忙(바쁠 망) - 心(청렴한 마음) = 亡(망할 망)"

공직자의 삶 속에 있는 공과 사 그리고 이해충돌

내가 1996년대 군 생활 시절에 공과 사의 딜레마 속에서 마음이 아팠던 적이 있었다. 당시 나는 군에서 중대장이란 간부로 있었고 나의 막내 남동생이 병사로 군에 입대를 하게 되었다. 논산훈련소에서 교육을 마치기 전부터 어머니는 언제 훈련이 끝나는지? 어디로 배치가 되는지? 좋은 부대로, 편한 보직으로 가게 해 달라고 나에게 전화하여 불편하게 하셨다. 나는 알아서 다 시간이 되면 정해지고 규정과 절차에 의해 진행된다고 기다리실 것을 몇 번 말씀드렸다. 동생이 자대 배치를 받고 나서도 어머니는 계속 어떻게 생활하는지 잘 지내는지 궁금해하시다가 갑자기 동생의 면회를 가시겠다는 것이었다. 그때 당시 자대 전입 후 신병은 100일이 지나야 면회를 할 수 있었다. 그런데 동생은 부대 전입 100일이 되는 시기가 약 1주 모자랐다. 그래서 어머니께 안 된다고, 1주 있다 가면 된다고 말씀드렸지만, 지금까지 형이라는 놈이 관심도 갖지 않고 신경도 써 주지 않는다고 화가 나서서 나 혼자 가겠다고 막무가내였다. 어쩔 수 없이 나는 급히 어렵게 휴가를 내어 어머니를 모시고 대구 하양에서 특공부대에 근무하고 있는 동생에게 면회를 갔다. 그때 동생이 근무하는 중대의 중대장은 같이 근무했던 친분이 있는 후배 중대장이었다. 사전에 연락하여 100일이 안 됐는데 면회가 되느냐고 물어보니 외박은 안 되지만 면회는 된다고 했다. 토요일에 면회실에 도착하여 면회 신청을 하고 난 후 20여 분 지나서 긴장과 기쁨의 눈물이 고인 표정을 한 동생이 면회실로 들어왔다. 어머니는 막내아들이 안고 계속 우셨다. 건강하게 잘 있는 모습을 확인하고 군생활에 대해 이야기하다가 동생이 갑자기 "형! 나 외박증 받아 왔어." 밖으로 나가자고 하는 것이었다. 그 순간 나는 동생에게 "너 자대배치 받은 지 얼마 됐지, 100일 넘었어?" 물었다. 동생은 "아니, 다음 주가 100일이야!"라고 말하며 그래도 중대장님이 외박을 나갔다가 오라고 했다'며 외박증을 꺼내서 보여 주었다. 이때 짧은 순간 데리고 나갈까 하는 생각도 했지만, 바로 "외박은 안 돼! 100일이 안 넘었잖아." 그 순간 동생은 얼굴빛이 흙빛이 되어 버리고, 어머니는 왜 안 되느냐 허락을 받아 왔는데, 나가자고 팔을 끌었다. 이때 동생에게 "안 되는 건, 안 되는 거야!" 어머니에게 "여기서 더 면회하고 내일 다시 와서 면회해요." 그 순간 어머니는 형이라는 놈이 너무한다며 나쁜 놈이라고 하셨고, 동생은 고개를 푹 숙이고 나의 눈을 마주치지 않았다. 그날 동생은 축 처진 어깨로 내무반으로 다시 돌아갔고, 어머니는 눈물을 흘리며 동생의 뒷모습을 쳐다보며 나를 원망했다. 어머니는 숙소에서도 아무것도 드시지 않고, 말씀도 하지 않으셨다. 다음 날 아침에 다시 면회를 가서 동생을 만났지만 이미 실망한 동생의 표정에 눈을 마주칠 수 없었다. 그때부터 나는 어머니와 동생으로부터 피도 눈물도 없는 나쁜 놈이 되어 버렸다.

공과 사 속에 신의 한 수

그러나 동생이 군 생활을 잘 마치고 전역을 하고 대기업에서 직장생활을 성공적으로 하면서, 어느 날 동생으로부터 한 통의 전화가 왔다. "형 미안해. 그리고 고마워!" 하고 말하는 것이다. "그때 외박을 안 나간 게 정말 잘한 거였어. 나갔으면 내 군생활을 꼬였을 거야! 덕분에 군 생활도 잘했고 사회 나와서도 직장 생활하면서 형이 그때 왜 그랬는지 가끔 생각해.

신의 한 수였어!"라고 말하는 것이었다. 나는 갑자기 눈물이 나왔다. 사실 외박을 못 하게 했던 나의 위치가 늘 미안했다. 이해해 주고 덕분이라고까지 하니 고마웠다. 지금은 대기업 해외지사에서 물류 법인장을 하고 있는 고맙고 자랑스러운 동생이다.

그때 내가 동생이 외박을 못 하게 했던 것은 나도 중대장으로서 임무를 수행하면서 병사들의 외출, 면회, 외출, 포상은 물론 보직에 대해 상급부대와 상급자, 나에게 영향력을 줄 수 있는 사람들로부터 많은 압력과 청탁을 받아왔고, 이럴 수도 저럴 수도 없는 상황에서 너무나 힘들어했었다. 청탁을 받고 특혜를 준다는 것은 다른 부하들에게 부패의 상처를 주고 나의 양심을 힘들게 하는 것이기 때문이었다. 그런데 나도 동생의 중대장이 후배라는 연줄을 이용하여 나를 힘들게 했던 사람들과 똑같이 규정을 위반하는 외박이라는 특혜를 요구하고 받는 것에 불편함이 너무 컸고 후배 중대장을 힘들게 할 수 없었다.

공과 사를 구별한다는 것은 공적인 지위와 권한과 유래되는 영향력 속에 있는 자신과 관계된 사적인 이해관계를 인식하고 선을 넘지 않는 마음과 행동이다. 공인으로 살아가다 보면 다양한 사람들이 신분과 지위와 영향력을 알아채고 사적인 특혜를 요구한다. 또 당연한 그럴 수 있는 것으로 기대한다. 이때 공과 사를 구분하고 사를 끊어 내는 것은 피눈물이 나는 아픔일 수도 있다. 그럼에도 끊어 내는 것이 자신과 진정으로 사랑하는 사람들을 위하는 것이다.

공과 사를 구별하여 공정한 직무를 수행하기 위한 법이 있다. 바로 이해충돌방지법이다. 공직자가 자신의 직무와 관련하여 이해충돌이 발생하는 사적이해관계자(잘해 주고 싶은 사람)가 있을 때 알아차리고 이해충돌을 방지하기 위한 액션을 취하는 법이다.

공인은 공과 사로 바쁠 때일수록 공사다는 하지 않기 위해 공사구분을 잘해야 한다.

5. 착한 선물과 나쁜 선물 구별하기

    선물은 주는 이의 마음을 표현하고, 받는 이에게 기쁨과 감동을 전할 수 있는 소중한 소통 수단의 하나이다. 선물을 좋아하지 않는 신은 없다고 한다. 하물며 사람은 선물에 죽고 산다. 권력을 가진 사람들은 선물을 더 좋아한다. 왜냐하면, 권력으로 발생되는 부산물은 공짜니까!
    그런데 선물에는 두 가지의 선물이 있다. 착한 선물과 독이 되는 나쁜 선물이다. 그래서 공인들은 착한 선물과 독이든 나쁜 선물(뇌물)을 구별할 수 있어야 한다.

    지난 역사는 물론 지금 시대에도 착한 선물과 독이 든 나쁜 선물을 구별하지 못하고 냉큼 받아서 받은 사람은 물론, 배우자 그리고 나라를 들썩이게 하고 결국 다 망하는 사례들을 매일매일 보고 있다.

독이든 나쁜 선물(뇌물) 사건

    2018년부터 2021년까지 수산업자라고 사칭하면서 오징어 사업을 하겠다는 명목으로 사람들을 현혹해 백억 원대 사기를 친 가짜 수산업자 사건이 있다. 이 과정에서 전방위적인 정관계 인사와 다양한 연결이 드러나 논란이 되었다. 사기범은 원래 변호사 사무실 사무장을 사칭하면서 수천만, 수천억 원대의 단위 사기를 치는 잡범이었지만, 죄를 짓고 교도소에 수감되었을 때 신문기자 출신 언론인과 인연을 맺은 것을 계기로 안 좋은 쪽으로 급성장해 백억 원대 사기꾼으로 규모가 커져 버렸다. 사기꾼은 교도소에서 수감생활을 하던 중 알게 된 언론인을 알고 나서 더욱 대담해졌고, 출소한 지 약 6개월 만에 다시 사기 행각을 시작했다. 결국 2021년 4월 116억 원대 사기 혐의로 구속·수감되었다. 이 사건에서 공직자들에게 제공한 다양한 나쁜 선물이 등장한다. 이 사기꾼으로부터 나쁜 선물을 받은 사람들은 국민이 다 알 만한 사람들이다. 전 특별검사, 현직 검사들, 경찰서장, 언론사 논설위원, 앵커, 기자, 국가정보원장, 연예인, 국회의원 등 모두가 힘과 권력에 있는 공적인 사람들이었다.

이 사기꾼이 준 선물도 다양하다. 스위스 브랜드 수천만 원대 고급 시계, 수십만 원대 벨트, 금품, 골프채, 고급 차량, 대학원 등록금, 독도새우, 명품 옷과 가방, 팔찌, 시계, 목걸이, 빌린 돈 변제 등이 있다. 고급 차량도 포르쉐로부터, 벤틀리, 아우디, 미니쿠퍼 등 다양하다. 가장 많이 준 것은 대게와 과메기 수산물이다. 그래서 가짜 수산업자 사건이라고도 부른다. 선물을 준 것을 보면 받는 사람의 영향력에 따라 다르다. 고급 차량으로부터 수산물까지 전방위적으로 다양하게 제공하며 선물을 제공했다.

이 선물을 받고 일부는 공직자들은 '돌려줘야 할 정도로 고가의 선물은 아니었다'라며 드셨다고 한다.

결국, 선물을 받은 많은 공직자들 중에 돌려줘야 할 정도의 고가의 선물을 받은 공직자들은 청탁금지법 부정금품수수 위반 혐의로 형사처벌을 받았다. 가짜 수산업자가 공직자들에게 준 선물을 과연 '선물'일까? 그리고 돌려줘야 할 정도로 고가의 선물이 아니었다면 먹어도 될까? 정말 한심한 일이 아닐 수 없다.

왜! 먹고살 만하고, 권력도 있고 세상을 구하겠다고 의로움을 외치는 사람들이 나쁜 선물에 넘어갈까? 착한 선물인지 독이든 나쁜 선물인지 구별하지 못해서다. 착한 선물과 나쁜 선물을 분별하는 방법을 알지 못해서다.

착한 선물 - 나쁜 선물 4가지 조건

공직자는 위와 같이 선물로 둔갑한 나쁜 독이든 선물을 구별할 수 있어야 한다. 지금부터 공직자가 받을 수 있는 착한 선물 구별 방법에 대해 알아보려 한다. 먼저 선물에 대한 국어사전 정의를 보면, 선물(膳物)은 남에게 축하나 고마움의 뜻을 담아 어떤 물건 따위를 선사함. 또는 그 물건을 말한다. 선물에 대한 한자를 살펴보면 선물(膳物)에 선자에 보면 착할 선(善)자 앞에 달 월(月)이 있다. 선물은 그냥 착해서만 되는 선물이 아니라 달빛 아래에서도 착한 물건이라는 뜻이 담겨져 있다. 달빛 아래가 의미하는 것은 몰래 줘서도 안 되고, 누가 보지 않아도, 어두운 달빛 아래에서도 착해야 한다는 것이다.

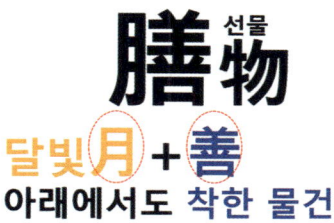

달빛 아래에서도 착한 선물은 4가지 조건이 충족되어야 한다. 4가지는 **① 선물을 구입한 돈의 출처가 착해야 한다. ② 선물을 주는 의도가 착해야 한다. ③ 선물을 받는 마음이 착해야 한다. ④ 주고받고 나서도 착해야 한다.** 이 4가지 중 한 가지라도 충족하지 않으면 그 선물은 선물이 아닌 독이든 뇌물이 될 수 있다.

① 착한 선물 조건은 구입한 돈이 착해야 한다

위 사례의 가짜 수산업자처럼 사기를 친 돈으로 선물을 샀다면 이 선물은 착할 수 있을까. 당연히 착하지 않은 나쁜 선물이다. 다른 사람을 사기를 치고 나쁜 행위를 통해서 만들어 낸 아주 나쁜 물건이다. 그래서 선물을 받을 때 의심을 해 봐야 한다. 선물 주는 사람이 무엇을 하는 사람인지, 나의 직무관련해서 돈을 버는 사람인지, 부정행위를 좋아하는 사람인지, 착한 돈으로 선물을 산 것인지.

② 선물을 주는 사람의 의도이다

위의 가짜 수산업자는 왜 엄청난 공직자들과 영향력 있는 사람들에게 선물을 주었을까. 이것을 모르는 사람이 있을까. 이 사건에서 선물을 받아먹은 사람들은 그냥 친분으로 준 것으로 다른 의도가 없다고 하고 싶지만. 조금만 의심하며 왜 줬는지 알아차릴 수 있다. 실제 가짜 수산업자는 경찰에서 조사간 선물을 준 이유를 인맥을 넓히고 싶어서 줬다고 한다. 어떤 인맥일까? 바로 자신의 사기와 부정행위를 묵인해 주고, 부정한 영향력을 확장시켜 주고, 자신의 죄를 덮어 줄 인맥인 것이다.

③ 선물을 받는 사람의 마음이 착해야 한다

받으면서 내가 준 사람에게 대가로 뭘 해 줘야 하는 것이 아닌지, 조금이라도 생각이 든다면 착한 선물이 아니다. 사람의 마음에서 선물을 받으면 답례하는 것이 인지상정이다. 그러나 공인의 직무와 관련하여 선물에 대가가 털끝만큼이라도 포함이 되는 순간, 이 선물은 뇌물이 되는 것이다.

④ 주고받고 나서도 착해야 한다

주고받고 나서 서로 내적인 감사의 마음이 오랫동안 있어야 한다. 그런데 가짜 수산업자 사건처럼 주고받았는데 의혹과 논란이 되고, 언론에 나오고, 신고가 되고 조사와 수사가 되고, 감옥에 가는 것이라면 착하지 않은 것이다.

맹자는 이루(離婁章句) 편에서 可以取 可以無取 取傷廉, 可以與 可以無與 與傷惠라고 하며 "받아도 되고 받지 않아도 될 때 받는 것은 청렴을 손상시키고, 줘도 되고 주지 않아도 될 때 주는 것은 은혜를 손상시킨다."고 말했다고 한다. 한마디로 선물을 잘못 주고받음으로써 청렴과 은혜를 손상시키지 말라는 뜻이다. 어쩌란 것인가? 받아도 된다는 것인가? 받지 말라는 것인가? 주라는 것인가? 주지 말라는 것인가? 청렴이 왜 손상이 되고, 은혜가 왜 손상이 되는 것일까? 이리저리 헷갈릴 때는 주지도 받지도 말라는 것이다.

사람들과 살다 보면 받아도 될 것 같고, 받지 않아도 될 것 같은 상황은 늘 발생한다. 특히 공인으로서 살아가게 되면 형법에서 정한 뇌물과 청탁금지법으로 정한 부정한 금품수수에 연루되고 싶지 않다. 그래서 무엇인가를 받는다는 것은 새로운 부담으로 작용한다. 내가 공직기강 감사관으로 임무 수행하면서 안타까운 사건이 있었다. 직무관련 하급자가 너무 나에게 잘해 주고 보살펴 주신 상급자에게 감사한 마음으로 정성의 선물을 드렸고, 받은 상급자도 내가 받을 만하다고 생각하고 선물을 받았다. 그런데 이 선물이 다른 사람의 눈에 불편하게 보였는지 신고가 된 것이다. 결국 조사하여 직무관련자 사이에 원활한 직무수행, 사교, 의례의 허용 조건에 해당하는 것으로 결론을 내렸었는데, 이 사건으로 고마운 마음으로 한 선물이 존경하는 상급자를 조사받게 하고 부정한 의혹으로 여러 사람들에게 오르내리며 청렴을 손상시켰고, 고마운 마음이 불편한 마음이 되어 은혜를 손상시키게 된 것이다.

그리고 가끔 공직기강실에 문의 전화가 오는 것이 있다. 선물을 받았는데 받아야 할지, 돌려주어야 할지 묻는 전화다. 전화하는 공직자의 의도는 두 가지다. 첫 번째 의도는 받아도 될 것 같은 선물인데 혹시 받음으로써 문제가 될 수 있는지 감사실에 확인 전화를 통해 받아도 된다는 답변을 듣고 싶은 경우다. 문제가 되어도 확실하게 책임을 면할 수 있다는 생각이 있다. 두 번째는 받지 말아야 할 것 같은데 받고 싶은 마음의 문의 전화다. 받을 수 있다는 감사실의 답변을 받고 싶은 것이다.

그런데 받아야 할지, 받지 말아야 할지에 대해서는 본인이 가장 잘 알고 있다. 주는 사람과의 관계에서 앞에 착한 선물의 조건이 될 수 있는지 될 수 없는지를 생각해 보면 알 수 있다. 결국 판단하는 것은 공직자 자신의 몫이다. 받고자 하는 자는 동아줄만 한 직무관련성이 있더라도 받을 것이고, 받기를 두려워하는 자는 실같이 가느다란 직무관련성이 있더라도 받지 않을 것이다.

맹자가 말한 "받을 만한, 받지 않을 만한, 줄 만한, 주지 말아야 할 만한" 애매모호한 판단의 기준을 제시한 것은 이럴 수도, 저럴 수도 없는 가운데 스스로 알아서 받을지 말지 판단하라는 것이다. 결국, 주고받을 수 있는 사이라 할지라도 3자, 다른 사람이 보았을 때 의심과 의혹이 있는 선물이라면 주고받지 말라는 것이다.

편안한 선물이 청렴한 선물이다

요즘 공직사회의 '선물' 자체가 불편하게 되었다고 한다.
고마운 사람에게 감사의 마음과 정을 주고받을 수 있는 선물이 없어졌다.
그러다 보니 공직사회에서 무조건 안 주고 안 받는 것이 청렴한 것이 되어 버렸다. 나는 이런 청렴이 걱정이 된다. 나는 무조건 안 주고 안 받는 각박한 청렴은 청렴을 손상시킨다고 생각한다. 청렴은 유연해야 한다. 착한 선물과 나쁜 선물을 구분해서 받을 수 있어야 한다. 착한 선물은 받고, 착하지 않은 선물을 받지 말아야 하는 것이 편안한 청렴이 된다.

받아도 되는 착한 선물 조건

① 선물 출처가 착해야 한다.
② 선물을 주는 의도가 착해야 한다.
③ 선물을 받는 마음도 착해야 한다.
④ 선물을 주고받고 나서도 착해야 한다.

① + ② + ③ + ④ = 착한 선물

6. 카르텔 부패 속에 낚이고 엮이는 공인들

나도 카르텔이 있다, 너·나 우리의 카르텔들

세상은 카르텔 세상이다. 자신과 조직과 아는 사람들 간의 이익을 추구하기 위한 카르텔이 사람과 사람, 사람과 조직, 공직자와 기업, 공공기관과 기업 등 카르텔이 아닌 것이 없다. 최근 이권 카르텔이라는 용어가 등장했다. 대통령도 이권 카르텔을 뿌리 뽑겠다고 했지만 이 카르텔은 잘 뽑히지 않는다. 이권 카르텔은 왜 뽑히지 않을까?

카르텔은 조직적이고 불법적인 방식으로 사업을 운영하며 주로 불법활동을 수행하는 단체를 말한다. 주로 마약 및 무기 거래, 돈세탁, 부정부패 등 다양한 불법적인 활동을 한다.

카르텔이란 단어는 네덜란드어에서 유래한 단어로 17세기 문헌에서 처음 등장했다고 한다. 원래 의미는 '서로 적대하는 국가들 사이에 체결된 서면 조약'이었다. 이것이 벨기에로 건너오며 '서로 다른 정당들이 공동 목표를 위해 구성한 연합체'를 가리키게 되고, 이것이 오늘날 우리가 말하는 경제·법률 용어인 '카르텔'로 이어진다.

오늘날 카르텔이라 하면, 기업 연합의 형태로 같은 산업에 존재하는 기업 간의 공정한 자유 경쟁을 배제하고 어떤 독점, 독과점적인 수익을 올리기 위해 그 업종, 내부자들끼리 정하는 부당한 공동행위를 의미한다. 카르텔이란 용어가 기업들의 담합에만 쓰이는 것은 아니다. 서로 경쟁 관계인 조직범죄단체들이 마약류의 생산, 유통, 판매를 위해 힘을 합친다든지 하는 것도 흔히 카르텔이라 부른다. 보통 마약 범죄에 엮인 범죄 집단들을 칭할 때 마약 카르텔이라고 많이 사용한다.

한국에서는 여기에 추가하여 이권 카르텔이란 용어가 등장한다. 특정 파벌이나 조직을 일컫는 용도로 사용하는데, 정치 카르텔, 언론 카르텔, 경제 카르텔, 법조계 카르텔 등등 여러 가지 상황에서 쓰인다. 이권 카르텔은 목적, 지역, 환경, 인맥, 학벌, 지연, 혼맥, 업연, 혈연 등에 따라 다양한 카르텔이 있다. 세상은 이권 카르텔 세상이다. 최근 새로 등장한 이권 카르텔 형태도 있다. 건설사 카르텔, 노조 카르텔, 사교육 카르텔, 보조금 카르텔 등 약탈적 이권 카르텔로 카르텔도 진화한다.

대한민국에 이권 카르텔 없는 사람이 있을까? 생각해 보니 나만 해도 나의 사적·공적 이익을 위해 학연, 지연, 혈연, 직연 등으로 연결된 이런저런 연줄로 연결되어 만나는 사람과 단체들이 있다. 이권 카르텔이다. 이권 카르텔이 없는 사람은 서러워 살 수 없다. 예전에는 이 표현을 '빽 없는 사람 서럽다.'라는 말이 있었다. 이 모든 것이 자신의 이권 카르텔이다.

나쁜 부패의 이권 카르텔

이권 카르텔은 근본적으로는 No Problem-문제가 없다. 사람으로 살아가면서 당연하게 사랑하는 함께하는 사람들과 서로의 이익을 위해서 도와주고 밀어 주고 알려 주고 함께 살아야 한다. 문제가 되는 나쁜 이권 카르텔 속에서 공공의 이익을 반칙, 변칙, 불공정, 부패를 통해서 부정하게 나누는 것이 문제가 되는 것이다.

이러한 문제가 되는 이권 카르텔 속에 핵심 등장인물이 있다. 바로 공인(공직자)이다. 공인은 나쁜 이권 카르텔 속에서 자신의 권한과 영향력을 이용하여 자신과 카르텔 속에 있는 사람들의 이익을 도모하여 공익을 해치는 부패의 주체가 된다.

2023년 모 언론사가 보도한 '부와 권력 손잡은 사교클럽 있었다….' "돈 찔러 막으면 축복" 카르텔 사건의 보도를 보면서 거대한 이권 카르텔 집단을 보고 놀라지 않을 수 없었다.

A 씨는 부와 권력을 연결하는 사교클럽 이권 카르텔을 만들었다. A 씨가 주선한 26차례 모임 초대 명단에 모두 105명의 이름이 등장한다고 보도되었다. 신분별로 보면 전·현직 공직자가 61명으로 가장 많았다. 직책을 보니 전·현직 국회의원, 정부 총리와 차관급, 정부 부처 공직자, 판사. 검찰, 경찰, 국세청, 지자체장이다. 이밖에 지역 정치인, 변호사, 연예인, 병원장, 교수, 체육인 등이 1명씩이었다. 이들과 만남은 기업인 36명, 언론인 2명들과 이어졌다. 이들은 카르텔 속에서 '돈 찔러 막으면 축복'이라고 했다고 한다. 기가 막히고 코가 막히는 이권 카르텔 종합세트다. 이

이권 카르텔 중심에는 브로커 A 씨가 있었는데 A씨의 초대로 힘 있는 사정 기관 고위직들이 여러 모임에 불려 나왔다. 그 자리엔 늘 공직자와 교류하고 싶어 하는 기업인들이 있었다. 수백만 원에 이르는 접대비는 항상 참석 기업인의 몫이었다고 한다.

이 외에도 ○○지방에서 B 씨도 카르텔을 만들어 20여 년간 골프와 식사 접대 등을 통해 검찰과 경찰, 지자체 공직자들과 친분을 쌓은 뒤 각종 청탁을 해 온 사건이 드러났고, ○○지역 교육기관에 물품 납품과 관련하여 납품을 대가로 금품을 받은 ○○교육청 공무원과 브로커, 업자 등 21명이 무더기로 재판에 넘겨지는 사건이 있었다. 앞에서 사례를 들었던 가짜 수산업자도 자신만의 카르텔을 만들기 위해 선물을 준 것이다.

부당한 이익을 목적으로 다양한 연줄을 이용하여 카르텔을 만들고 선물, 골프, 접대 등을 통해 카르텔을 더 강화되고 공고화된다. 부패를 좋아하는 사람들은 이권 카르텔 속에서 부패 안심 보험을 가입하게 되는 것이다. 자신의 이익을 위한 확실한 투자다. 부패를 알선하는 브로커와 인맥들, 특혜를 줄 수 있는 공직자들, 부패가 발각이 되어 법적 책임을 물으면 죄를 덮고 봐줄 수 있는 경찰, 검찰과 판사, 영향력을 통해 빼 줄 수 있는 정치인 등이 연결 연결이 되어 서로의 나쁜 이익을 추구하는 것이다.

문제는 나쁜 카르텔의 중심에는 공인(공직자)들이 있다. 카르텔에 엮여서 부패를 조장하고 방관하고 허용하고 주도하는 것이다.

부패 카르텔에 엮이지 않기

공인으로 청렴하게 살아가기 위해서는 이런 나쁜 이권 카르텔에 엮이면 안 된다. 부패한 사람들은 공인을 이권 카르텔 속으로 끌어들이기 위해 다양한 미끼를 던진다. 물게 되면 그날로 이권 카르텔의 공동체가 되어 버리게 된다. 공인으로 살아가기 위해서 공사구별 없이, 함께한 밥 한 끼가 부패의 이권 카르텔 속 중심에 서 있게 할 수 있다.

드라마 〈비밀의 숲〉의 명대사가 있다. 평검사에서 차장검사 민정수석이 되어 모든 것을 다 이룬 이창준 검사가 지난날 과거의 모든 잘못을 뉘우치고 죽음으로 대가를 치르기 전에 말한 대사인데, 모든 공직자가 마음속에 새겨 두어야 할 대사다.

"모든 시작은 밥 한 끼이다.
그저 늘 있는 아무것도 아닌 한 번의 식사 자리.
접대가 아닌 선의의 대접.
돌아가면 낼 수도 있는,
다만 그날따라 내가 안 냈을 뿐인 술값.
바로 그 밥 한 그릇이, 술 한잔의 신세가
다음 만남을 단칼에 거절하는 것을 거부한다.
인사는 안면이 되고 인맥이 된다.
내가 낮을 때 인맥은 힘이지만,
어느 순간 약점이 되고, 더 올라서면 치부다.

첫발에서 빼야 한다, 첫 시작에서.
마지막에서 빼려면 대가를 치러야 한다.
그렇다면, 그렇다 해도 기꺼이…!"

결국, 대가를 죽음으로 치르게 된다.

공인이 부정한 행위로 대가를 치르지 않기 위해서는 부패에 연루되지 않아야 한다. 부패에 연루되지 않기 위해서는 카르텔이 던져준 미끼를 물지 말아야 한다. 또한 혹시, 내가 나쁜 이권 카르텔에 낚여 있는지 살펴보고 빨리 카르텔 줄을 끊어 내어야 한다.

7. 부패의 미끼 '사적이익' 물지 않기

다양한 카르텔 속에서 부패하지 않기 위해서는 자신의 권력이 사적이익에 연루되지 않아야 한다.

부패의 본질에는 위임된 권력과 연결된 **사적이익**이 있다.
앞서 부패를 정의에 대해 알아보았다. 부패 공식은 '공직자 + 직무상 지위·권한 남용 or 법률 위반 + 자신과 타인의 이익 도모'하는 조건일 때 부패라고 했다. 세계 투명성기구에서는 일반인들도 위임된 권력을 남용 + 사적이익을 추구하면 부패가 된다고 설명하였다.

주체가 공직자이든, 공직자가 아닌 일반인도 권한 남용 + 사적이익을 더해지면 부패하게 된다.
그래서 부패의 본질은 권력을 이용하여 사적인 이익을 추구하는 데 있다.

권력(남을 지배하여 복종시키는 힘)을 가지면 사적이익을 추구하지 않아야 한다. 그런데 역사상 권력을 가지고 있는 사람이 사적이익을 추구하지 않은 예는 거의 없다. 앞서 청렴의 정의에서 말하는 성품이 높고 맑으며 탐욕이 없는 성인 같은 사람만이 사적이익을 추구하지 않을 수 있다.

부패의 미끼 '사적 이익'

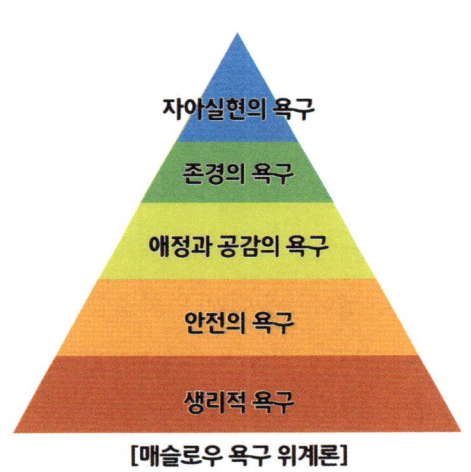

[매슬로우 욕구 위계론]

사적이익은 인간의 욕구 중 하나다. 매슬로우 욕구 5단계 중 1~3단계가 자신의 욕구, 사적이익을 추구하는 단계다. 1단계 생리적 욕구(Physiological), 2단계 안전의 욕구(Safety), 3단계 애정·소속 욕구(Love/Belonging)까지 사적이익의 욕구다. 4단계 존중의 욕구(Esteem), 5단계 자아실현 욕구(Self-actualization)부터는 자기를 다른 사람과 사회를 위해 자신의 잠재력을 최대한 발휘하려는 욕구가 나온다. 자기를 계속 발전하게 하고자 자신의 잠재력을 최대한 발휘하려는 욕구이다. 욕구가 과도해져서 탐욕이 많아진 사람은 3단계가 넘어서도 존중하지 않고 자아실현도 다른 사람과 사회를 위한 것이 아닌 자신의 1~3단계 수준인 생리, 안전, 애정·소속의 사적이익을 위해 무한 권력을 남용한다.

사적이익에 대한 자기통제를 할 수 있는 방법만이 청렴하게 살아갈 수 있다. 공인이 청렴하기가 힘든 이유는 국가와 조직으로부터 부여받은 권력 속에는 다양한 사적이익이 들어 있기 때문이다. 지금 자리의 권력을 가질 수 있을 때까지 보살펴준 부모님의 이익, 사랑하는 배우자와 자녀의 이익, 자신을 권력자로 만들어 주고 밀어 준 함께했던 수많은 사람의 이익, 그리고 앞으로 더 많은 권력을 위해 함께해야 할 사람들의 이익이 있다고 생각하기 때문이다. 또한 이익과 이익의 관계 속에서 공인 자신을 중심으로 다양한 카르텔이 만들어진다. 카르텔 속에서 권력자는 도구에 불과하다. 수많은 사람의 이익을 생각하고 대변하고 양산하는 사적이익을 추구하는 권력이 되는 것이다. 결국 권력을 가진 자신의 위치에 이르게 해 준 고마운 사람들에게 보은하고 미래의 위치를 위한 보험을 드는 사적이익을 위한 행위에 이른다. 이것이 공적이 권한을 남용하여 자신과 다른 사람들의 사적이익을 위한 부패가 되는 것이다.

공인의 사적이익 차단하기

공적인 권한을 남용하여 부패하지 않기 위해서는 사적이익을 차단하여야 한다.

사적이익을 차단하는 **첫 번째 방법은 자신으로부터 발생할 수 있는 사적이익에 대해 아는 것이다.**

청렴하게 살아가기 위해서는 앞에서 알아보았던 청렴의 6대 덕목을 지키며 살아가면 된다. 그런데 공직자(공인)는 더 청렴하게 살아가야 한다. 그러기 위해서는 자신으로부터 발생할 수 있는 사적이익에 대해 민감하게 알아차려야 한다. 알아차리지 못하면 나도 모르게 부패에 연루가 된다. 그리고 자신의 권력으로부터 발생한 부패에 대해 나중에 '나는 몰랐어요.' 이런 말을 한다. 공직자의 사적이익은 두 가지 형태로 발생한다. 하나는 **국가로부터 위임받은 권한을 이용하여 발생하는 사적이익이다.** 다른 하나는 **공직자의 지위와 직책으로부터 유래 되는 사실상 영향력를 통해서 발생할 수 있는 사적이익이다.** 자신이 부여받은 권한의 한계가 어디까지인지 알아야 하고, 더 나아가 권한으로 부여된 것은 아니지만 지위와 직책 속에서 유래되는 영향력이 얼마나 넓고 깊고 높은지를 알아야 한다. 영향력이란 다른 사람들에게 이익과 불이익을 줄 수 있는 보이는, 보이지 않는 힘 모두가 포함된다. 법령에 명시된 직무관련 권한은 보이는 힘이다. 그런데 보이는 힘은 새 발의 피다. 보이는 힘보다 보이지 않는 힘이 몇 백 배, 몇천 배 더 크다. 권력자들은 보이는 힘보다 보이지 않는 힘을 탐한다. 세상의 부패는 무모하게 보이는 힘을 이용하기도 하지만 대부분은 은밀하고 전략적으로 보이지 않는 영향력을 이용한 부패다.

두 번째 사적이익을 차단하기 위한 방법은 이해충돌을 방지하는 것이다

자신으로부터 발생하는 사적이익을 알아차렸다면, 다음 단계로 사적이익 관계에 있는 이해충돌들 방지하는 것이다. 공정한 직무를 수행하기 위해 이해충돌 방지는 공직자의 기본이다. 그런데 스스로 이해충돌을 인식하고 방지를 해야 하지만 알아서 이해충돌을 방지하는 것이 쉽지 않다. 그러다 보니 ○○기관의 부동산 투기 사건으로 이해충돌을 방지하는 방법, '공직자의 이해충돌방지법'을 제정하고 공직자의 의무로 규정하였다.

이해충돌방지법 제4조(공직자의 의무)

① 공직자는 사적 이해관계에 영향을 받지 아니하고 직무를 공정하고 청렴하게 수행하여야 한다.
② 공직자는 직무수행과 관련하여 공평무사하게 처신하고 직무관련자를 우대하거나 차별하여서는 아니 된다.
③ 공직자는 사적 이해관계로 인하여 공정하고 청렴한 직무수행이 곤란하다고 판단하는 경우에는 직무수행을 회피하는 등 이해충돌을 방지하여야 한다.

이해충돌방지법은 공직자의 부패를 방지하기 위한 청탁금지법을 넘어선 최고의 방법이다. 청탁금지법은 안 해 주고 안 주고 안 받으면 청렴하다고 할 수 있다. 그러나 이해충동방지법에서는 안 해 주고 안 주고 안 받는 것을 넘어서 나의 권한과 영향력 속에 사랑하는 사람들이 있다는 것만으로 이해충돌 방지를 하기 위한 액션을 취하는 것이다.

공인을 부패로 유혹하는 미끼인 사적인 이익을 조심하라, 나의 지위와 영향력과 연결된 사익이 있다면 민감하게 알아차리고 방지해야 한다. 이 방법은 더 구체적으로 4장에서 이해충돌방지 방법에 대해 알아보겠다.

8. TOP-10에게 이제는 말해야 한다, 'NO'라고 그리고 우리는 '청렴'하다고

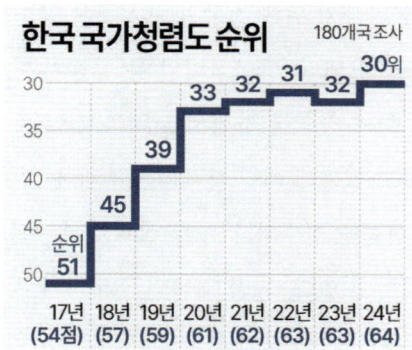

 국제투명성기구(TI, Transparency International)가 매년 국가 청렴도(CPI, Corruption Perceptions Index)를 발표한다. 여기에는 나라별 청렴 점수와 등수도 게시가 되는데, 대한민국의 청렴도 점수와 등수는 어떻게 될까?
 2024년도에 우리나라가 100점 만점에 64점, 180개국 중 30위로 역대 최고 성적을 기록했다. 국가 청렴도 점수는 전년 대비 1점, 국가별 순위는 한 단계 올랐으며, 2016년 청탁금지법 시행 이후 상승세를 이어 가고 있다.

위 결과에 대해 정부는 법과 원칙에 따른 엄정한 법 집행 의지 및 노력, 국민권익위원회를 비롯한 범정부 차원의 일관된 반부패 개혁 추진과 국민, 시민단체, 언론, 학계 등 다양한 분야에서 부패 방지 노력의 성과로 평가하고 있다.

나는 우리나라의 청렴도 성적에 억울하다

그런데 나는 청렴강사로서 위 점수와 등수가 너무 아쉽고 억울하다. 1년간 청렴한 세상을 만들기 위해 전국 방방곡곡에 있는 국가행정기관, 지방자치단체, 공직유관단체, 지방의회의원 등 공공기관, 일반기업을 찾아서 4년 동안 800여 회의 강의를 하면서 노력하고 있고, 블로그 등 SNS를 통해 청렴을 홍보하고 있는데 매년 발표되는 결과에 실망한다.

최근 몇 년간의 청렴도 점수와 등수를 살펴보면, 3년간 각 1점씩 오르내리며 힘겹게 올라가고 있다. 지금 대한민국의 국가 청렴도는 정체현상, 한계에 도달한 것은 아닌가 생각이 든다.

공직자와 국민들의 청렴의 GAP

위와 같이 청렴도 향상이 정체되는 현상의 원인이 있다. 바로 공직자와 국민의 부패 수준 인식도의 차이를 보면 알 수 있다. 매년 국민권익위원회에서 우리사회 부패 수준 인식조사를 한다. 다양한 계층에서 우리나라가 청렴한지, 공직사회가 청렴한지에 대한 질문에 대한 조사 결과를 보면, 일반 국민들이 바라보는 인식과 공직자들이 바라보는 청렴과 부패에 대한 인식 차이가 48.9% 정도 차이가 난다.

'공직사회가 청렴합니까?' 조사한 결과를 보면 공직자들은 자신들이 근무하는 공직사회가 69.5% 정도 청렴하다고 생각하는 반면에 일반 국민은 공직사회가 청렴하다고 답한 비율이 20.6%다. 그 차이가 48.9%나 된다.

또한 '우리사회는 청렴합니까? 조사한 결과를 보면 공직자들은 우리사회가 청렴하다고 48.3%가 답했고, 일반 국민들은 8.7%만이 청렴하다고 응답해서 마찬가지로 39.6% 차이를 나타냈다. 일반 국민들은 공직사회를 청렴하다고 생각하지 않고 있는데, 공직자들은 청렴하다고 생각하고 있다는 것이다. 거꾸로 바꾸면 공직자들은 청렴한데 국민들은 공직자들과 우리사회는 청렴하다고 생각하지 않는 것이다. 이 차이가 공직자와 일반 국민들 속에 있는 청렴과 부패에 대한 인식의 차이 이자 대한민국의 청렴도 정체성의 원인이자 딜레마다.

대한민국이 지금 상황에서 청렴 선진국이 되기 위해서는 공직자들의 청렴도를 높이는 것은 물론이요 더 중요한 것은 국민들이 바라보는 공직자들에 대한 청렴 인식을 높이는 것이다.

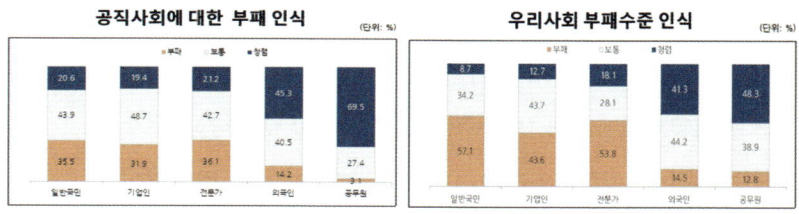

2024년도 국민권익위원회 부패인식 조사 결과

이를 위해 국민들이 공직자와 사회가 청렴하지 않다고 인식하는 원인을 찾아야 한다. 그 원인이 무엇일까? 그 원인은 공직자가 청렴한 공직자라는 신뢰가 없기 때문이다. 결국 신뢰의 문제는 국민이 믿을 수 없게 만든 공직자의 책임이다.

공직자들은 2016년 청탁금지법이 시행되고 나서 부정청탁을 받아도 안 해 주고, 금품도 안 주고 안 받기 때문에 나는 청렴하다고 생각한다. 그러나 국민들은 안 주고 안 받는다고 청렴하다고 생각하지 않는다.

공직자가 청렴하다고 믿지 않는 불편한 진실

국민들에게 공직자가 청렴하다고 믿게 하는 방법이 있다. 부정 청탁, 불편한 부탁을 받았을 때 답변을 잘하는 방법이다.

과거와 현재에도 공직자가 부정청탁을 받았을 때 어떻게 답변하고 행동하는지 알아보겠다. 공직자에게 부정청탁은 아무나 하지 않는다. 할 만하니까 하는 것이다. 이해관계가 있는 친분이 있고 거절할 수 없는 사람으로부터 '부정한 청탁'을 받았을 때 공직자들은 어떻게 답변을 할까? ①번, '예~ 알겠습니다.' ②번, '아, 예~ 예~ 예~!' 그리고 안 알아봐 주고 안 해 주기. ③번, 'NO, 안 됩니다. 부정 청탁입니다.'라며 거절. ④번, '부정청탁으로 신고하겠습니다.' 여러분은 몇 번이라고 생각하는가?

불편한 진실은 ③번이 아닌 ②번이다. '예~ 예~ 예~'라고 답변하고 알아봐 주지 않고 안 해 준다. 그런데 얼마 있다가 전화를 받는다. 부탁한 것을 되게 해 주어서 고맙다고, 또 안 되었는데도 알아봐 줘서 고맙다고, 이때도 공직자는 내가 안 했다고 말하지 않고 '아, 예~ 예~ 예~!' 하고 전화를 받는다. 이 두 번의 '예~ 예~ 예~' 답변이 국민들을 오해하게 만드는 것이다. 공직자들은 아직도 '알아봐 주는구나.', '해 주는구나.'라고 인식하여 앞으로도 청탁해도 되는 부패한 공직자와 공직사회로 인식이 계속되는 것이다.

공직자가 청렴하다고 믿게 하는 방법

공직자들이 불편한 청탁으로부터 자유롭기 위해서는 이제는 'NO'라고 말해야 한다. 내가 강사로 살아가게 된 계기가 있다. 2018년 국민권익위원회 청렴연수원에서 진행된 청렴강연경연대회를 나간 것이다. 그때 나는 공직생활 간 조직의 관행속에서 그래도 되는 청탁 문화 속에서 끊임없는 부정청탁에 NO!라고 할 수 없었고, 청렴하다고 말할 수 없었던 불편했던 이야기를 '이제는 말해야 한다. NO라고, 그리고 우리는 청렴하다고' 주제로 강연을 하였다.

공직자들은 예~ 예~ 예 하지 않고, 이제는 말해야 한다. 'NO라고, 그리고 우리는 청렴하다고.' 이 말을 하지 않으면 거절할 수 없는 사람들이 그래도 되는 줄 알고, 아직도 공직자는 청렴하지 않다고 생각하면서 부정청탁을 하는 것이다. 그리고 공직자는 청렴하지 않다고 20점의 평가를 주는 것이다.

국민을 공직자의 청렴수준으로 올리는 방법은 간단하다. 우리나라 공직자 인구가 250만 명이다. 250만 명이 가장 친한 배우자, 아들, 딸, 부모, 형제 등 가족 10명에게만 청렴하다고 인식되는 것이다. 우리 아빠는, 엄마는, 아들은, 형님은 청렴해라고 생각하면 2,500만 명, 50점 더불어 아는 친구와 지인들 몇 명에게 NO라고 말하고 청렴을 말하면 70점이 넘는다. 이러한 청렴에 대한 신뢰가 만들어진다면 국민들은 부정 청탁하지 않고, 공직자는 불편한 청탁 받지 않고 당당하게 직무를 수행하는 청렴한 공직 사회가 될 것이다. 바로 청렴한 나라, 청렴 선진국이 되는 것이다.

"이제는 말해야 한다. NO! 그리고 우리는 청렴하다고"
사랑하는 사람들에게~~!

Chapter 4

선량한 사람도 부패할 수 있다 (부패에 연루되지 않기)

1. 법을 모르면 부패를 할 수 있다

청렴한 세상이 되기 위해서는 부패하지 않는 법을 알아야 한다. 제아무리 청렴하여 착하고 선한 사람도 법을 모르면 부패를 할 수 있기 때문이다. 과거에 법이 없었을 때는 법을 몰라도 착하게 살면 됐다. 이런 사회를 우리는 법 없이도 사는 사회, 그런 사람을 법 없이 살 수 있는 사람이라고 한다. 그런데 지금 세상은 법 없이 살 수 없는 세상이 되었다.

선량한 사람이 법을 위반한다

법 없이 살 수 있는 선량한 공직자도 나도 모르게 법을 위반한다. 법 없이도 살 수 있는 착하고 모두로부터 청렴하다고 존경과 신뢰를 받는 어느 공직자가 청탁금지법 위반으로 조사를 받고 징계를 받게 되어 공직자로서 치명타를 받게 된다. 공직자에게 징계란 공직 생활 사망선고와도 같다.

이 공직자는 무엇을 잘못했을까?
고마운 상급자에게 밥 한 끼 사 드린 것이 죄가 된 사연이다. 청렴하기로 이름난 A 공직자는 회사 주변 식당에서 혼자 식사를 마치고 계산하러 가던 중 저쪽에서 혼자 식사하고 있는 존경하는 상급자인 B를 발견한다. 상급자 B는 함께 밥을 먹거나 회식을 할 때 당연히 상급자인 내가 내야 한다며 베푸시는 것은 물론 리더로서 하급자들로부터 신뢰와 존경을 받으시는 청렴한 분이다. 공직자 A는 상급자 B의 8천 원짜리 국밥 밥값을 냈다. 청탁금지법에서는 원활한 직무수행·사교·의례 목적으로 상·하급 직무관련자 사이에 음식물 5만 원 이내에서 허용을 한다. 공직자 A는 상급자 B에게 인사하고, "과장님 밥값은 제가 계산했습니다. 늘 저희에게 잘해 주시는데 오늘 드시는 밥은 제가 사게 해 주세요. 청탁금지법에서 5만 원 이내는 음식물은 가능합니다. 아시죠! 맛있게 드세요." 하고 인사를 하고 나왔다.

위 사례는 청탁금지법 위반일까 아닐까? 안타깝게도 청탁금지법 위반이다.

고마운 과장님에게 8천 원 해장국 한 그릇이 왜 위반이 될까? 원활한 직무수행·사교·의례 목적이 맞지 않아서일까? 특별한 사정이 없다면 원활한 사교·의례 목적으로 가능하다. 위반인 이유는 '함께 밥을 먹지 않았기 때문이다.' 청탁금지법에서는 직무관련 공직자에게 밥을 사 줄 수 있는데 조건이 있다. "함께하는 식사"라는 단서가 붙어 있다. 예전에 일반인들이 공직자들이 밥 먹고 있으면 몰래 밥값 지불하는 이런 식의 밥값은 원활한 직무수행과 사교, 의례가 아닌 것이다. 이렇게 청렴한 공직자 A는 존경하는 상급자 B와 함께하지 않은 식사에서 밥값을 낸 것이다. 청탁금지법 위반이다. 청렴한 공직자 A와 존경하는 상급자 B는 청탁금지법 금품수수 위반으로 2~5배의 과태료와 함께 징계를 받게 된다.

이것이 선량한 공직자가 밥 한 끼를 사 드린 대가다. 너무 억울하지만 법을 위반했다. 청렴하고·선량한 사람으로 법 없이도 살 수 있는 사람이지만 법을 몰랐기에 청탁금지법을 위반한 사람이 된 것이다. 이와 같이 반부패 법령을 제대로 모르게 되면 나도 모르게 위반할 수 있는 사례들이 너무 많다.

그래서 4장에서는 공직자로, 공직자가 아닌 일반 국민도 알아야 하는 반부패 법령을 소개한다. 일반 국민은 왜 알아야 할까? 마찬가지로 고마운 공직자에게 사 줄 수 있는 밥 한 끼를 잘못 사 주게 되면 고마운 공직자의 얼굴에 먹칠을 하고 자신도 과태료 또는 형사처벌 대상이 될 수 있기 때문이다.

공직자들은 1년에 2시간 반부패 법령 교육을 받고 있지만, 공공기관에 강의를 가보면 의외로 부패로부터 나를 보호해 줄 수 있는 반부패 법령을 모르고 '나는 착하니까', '나는 법 없이도 사는 사람이야' '나는 청렴해'라고 생각하고 공직 생활을 하는 공직자들이 아주 많다.

법을 알아야 부패하지 않는다

반부패 법령을 공직자는 반드시 알아야 하고, 공직자와 관련된 일반 기업, 단체, 개인도 부패의 선을 넘지 않을 수 있는 정도의 내용을 알아야 한다.

'누구나 알아야 하는 반부패 법령'을 알기 쉽게 설명하고자 한다.

우리 대한민국의 반부패 법령은 세계의 어떤 나라보다 잘 정비되어 있다. 물론 그럼에도 취약점을 이용한 부패행위는 나타나고 있지만 세계 최고의 반부패 법령 시스템을 가지고 있다고 생각한다.

제정된 순서대로 반부패 법령을 열거해 보면 ① 공직자윤리법, ② 공직자행동강령, ③ 부패방지권익위법(국민권익위원회 설치 및 운영에 관한 법률), ④ 청탁금지법(부정청탁 및 금품등 수수의 금지에 관한 법률), ⑤ 공익신고자 보호법, ⑥ 공공재정환수법(공공재정 부정청구 금지 및 부정이익 환수 등에 관한 법률) ⑦ 공직자의 이해충돌방지법이다.

---

① 공직자윤리법
② 공직자행동강령
③ 부패방지권익위법(국민권익위원회 설치 및 운영에 관한 법률)
④ 청탁금지법(부정청탁 및 금품등 수수의 금지에 관한 법률)
⑤ 공익신고자 보호법
⑥ 공공재정환수법
   (공공재정 부정청구 금지 및 부정이익 환수 등에 관한 법률)
⑦ 공직자의 이해충돌방지법

한 가지의 법령에도 세 가지 명칭이 있다. 정식명칭, 약칭, 별칭이다. 예를 들어 부정청탁 및 금품 등 수수의 금지에 관한 법률은 정식 명칭이고, 청탁금지법은 약칭이고, 김영란법은 별칭이다. 모든 법이 이렇게 다 있는

것은 아니다.

　7개의 법령을 구분해 보면, 크게 두 가지로 구분이 된다. 공직자들에 대한 부패를 방지하기 위한 법령들과 일반 국민의 부패를 방지하기 위한 법령이다. 엄격하게 딱 잘라서 구분할 수 없지만 공직자와 공공기관과 관련된 부패에 관한 법령은 ①번, ②번, ④번, ⑦번에 해당하는 법령이고, 일반 국민을 대상으로 한 법령은 ⑤번, ⑥번이다. ③번 부패방지권익위법은 공직사회와 일반사회의 전반적인 부패를 방지하기 위한 기준을 제시한다.

　공직자들에 해당하는 4개의 반부패 법령은 주체가 공직자다. 대부분 법령의 내용에는 '공직자는'으로 조문이 시작된다. 공직자는 부패행위를 해서는 안 되는 것이고, 일반인은 공직자에게 부패행위를 유인, 유도해서는 안 되는 것이다. 그래서 공직자에 대한 법령이지만 공직자에게 부패행위를 유발한 일반인도 법 적용 대상이 된다. 결국 공직자만 해당되는 것이 아니라 공직자와 관련된 부패행위를 방지하기 위한 법령들이라고 할 수 있다.

　일반 국민에게 해당되는 공익신고자보호법과 공공재정환수법은 일반 국민들이 사적이익을 위해 공공의 이익을 해치는 부패를 없애기 위한 법령이다. 공익신고자 보호법은 개인·법인이 반칙하고 변칙하고 부정한 방법으로 국민의 건강과 안전과 환경, 공정한 거래 등 공익을 해치는 부패하는 사람을 신고하기 위한 법이다. 공공재정환수법은 개인·법인·사인들이 거짓으로 공공재정을 허위 청구 하는 부정한 부패를 방지하기 위한 법이다.

이러한 반부패 법령이 그냥 알아서 만들어진 것은 하나도 없다. 사건과 사고를 통해서 하나둘 제정이 되었다. 7개의 법령에 대해 4년여간 800여 회의 청렴강의를 하면서 쉽고 재미있게 전달하기 위해 고민했던 반부패 7대 법령을 짧고 굵게 핵심 위주로 설명할 것이다. 대한민국의 부패를 없애기 위한 반부패 법령의 여정으로 안내한다.

2. 공직자의 부패 감염 예방 백신 '공직자행동강령'

　공직자행동강령은 공직자 자신을 부패로부터 안전하게 보호해 주는 백신이다. 공직자로 살아가면서 공직자행동강령을 모르고 직무를 수행한다는 것은 부패 바이러스가 가득한 정글에서 예방주사도 없이 청렴하게 살아가라는 것과 같다. 공직자행동강령이 중요한 이유는 공직자가 직무수행간 당면하게 되는 다양한 이해충돌 상황 속에서 지켜야 할 기준이고, 윤리, 실천, 행동 백신이기 때문이다.

행동강령을 모르고 열심히 일하는 공직자들의 부패

　그런데, 공공기관에서 공직자행동강령 백신을 그리 중요하게 생각하지 않는다. 그러니 당연히 공직자들도 잘 알지 못한다. 나도 공직자로 살아오면서 30년 공직생활 중 26년차 공직생활에 처음 공직자행동강령을 알게 됐다. 한 번도 행동강령을 소개를 받거나, 지켜야 한다거나, 교육을 받은 적이 없다. 행동강령을 알게 된 것은 소속기관의 감사관으로 근무하면서 처음 알게 된 것이다. 처음 공직자행동강령을 읽어 보면서, 깜짝 놀랐다. 하나하나 조항을 읽으면서 지금까지 살아온 공직생활 중에 내가 지키지 않은 것들이 너무 많았기 때문이다. 퇴직한 선배님을 만나 골프도 치고 식사도 했고, 내가 할 것을 하급자에게 부탁도 했고, 돈도 빌렸고, 공용차량도 나의 편의에 의해 사적으로 사용한 적도 있고, 경조사가 있어 핸드폰에 있는 전화번호에 있는 직무관련자에게 나도 모르게 문자를 보내기도 했고 나의 인사와 하급자들의 인사를 위해 전화도 했다. 이 행위들은 나만 그런 것이 아니라 조직 속에서 다른 사람들도 그랬고, 그래도 되는 것들이었다. 그런데 뒤늦게 이 모든 것이 행동강령 위반이 될 수 있는 행위라는 것을 알았다. 만약, 누군가가 위 사항을 신고했다면 조사를 받고 행동강령 위반으로 처벌을 받았을 수 있는 행위였다. 이 사실을 알고 좀 화가 났다. 이런 내용들을 왜 공직자로 시작할 때 알려 주지 않을까? 이런 내용도 모르고 주어진 직책과 업무에 법과 규정을 지켜 가면서 최선을 다해 임무를 수행하며 나는 청렴하다고 생각했는데, 늘 행동강령을 위반하여 특혜와 이권 개입과 하지 말아야 할 갑질 그리고 부패행위로 연결될 수 있는 행위들을 수없이 한 것이다.

그래서 공직생활 중에 국민권익위원회 청렴연수원 등록 청렴교육전문강사가 되고 나서 가장 먼저 만든 것이 있다. 우리 기관의 '공무원행동강령 해설·사례집'이다. 나처럼 공직자행동강령을 한 번도 접해 보지 못한 공직자들이 나도 모르게 했던 위반 사례와 해설을 담은 50페이지 분량의 소책자다. 이 책을 만들어서 상급기관 공직기강 담당자에게 연락하여 이 책을 발간하여 우리기관 전체에 배포하여 공직자들이 쉽게 볼 수 있게 하면 좋겠다고 건의를 했다. (실현은 되지 않았다)

공직자와 조직을 부패로부터 보호하기 위한 행동강령

지금도 청렴강의를 하면서 공공기관 공직자들에게 공직자행동강령을 다 읽어 보신 분 있는지 손 한번 들어 달라고 하면 몇십 %가 아닌 손가락 5개 안에 들어가는 공직자만 손을 든다. 이런 분들에게 너무 감사해서 직접 캘리그라피로 써서 만든 청렴 스티커를 드리고 함께 칭찬의 박수를 보내 드린다. 행동강령을 읽고 준수한다는 것은 공정한 직무 수행에 대한 공직자의 의지와 실천이다. 뿐만 아니라 함께 자신과 조직을 부패로부터 감염을 방지하는 방법이다.

공직자행동강령은 대통령령으로 정해져 있고, 이 대통령령을 각 기관별로 직무와 특성, 부패 리스크를 고려하여 더하고 뺄 수 있다. 어떤 기관은 대통령령에서 제시한 기본 조항에 더하여 촘촘히 작성한다. 촘촘히 작성된 행동강령은 공직기강을 강화하지만, 과도한 제한을 줄 수도 있다. 어떤 기관은 대통령령에서 제시한 조항 중에 관계없는 조항은 빼기도 한다. 그런데 가끔 자신의 기관이 준수하기에 불편할 수 있는 조항을 빼 버리는 경우도 있다. 아주 위험한 공공기관이다. 불편하면 불편할수록 더 그 조항을 자신의 기관에 맞게 구체화하여 반영해야 하는데 회피하고 있는 것이다.

해당 기관 공직자행동강령은 어디서 볼 수 있을까? 해당 기관의 규칙, 조례 등에서 볼 수 있는데, 문제는 너무 찾기 어렵다는 것이다. 홈페이지 가장 접근하기 쉬운 곳에 배치하여 공직자들이 직무를 수행하면서 가장 가까이하면서, 수시로 찾아보게 해야 하는데 찾기도 어렵고, 어떤 기관에는 홈페이지에도 없는 기관도 있다. 행동강령은 누구나 쉽게 접근이 가능하게 사내 인트라넷 홈페이지에서 3번 이내 클릭으로 볼 수 있어야 한다.

기본이 되는 대통령령 공직자행동강령의 구성은 2022년 5월 19일까지는 23개 행동 조항으로 구성되어 있었는데 이 중 9개 조항이 이해충돌방지법으로 제정이 되어 시행되면서 현재는 14개의 조항이 있다.

행동강령 안에 다 있다

행동강령 조항들을 구분을 해 보면 이해충돌방지, 청탁·금품수수금지, 갑질금지, 기타로 구분할 수 있다. ① 이해충돌방지는 공정한 직무수행을 위한 이해충돌을 방지하기 위한 행동들이다. ② 청탁·금품수수금지는 청탁금지법의 내용들이다. ③ 갑질금지는 공직자(갑)과 다양한 을(민원인, 다른 공직자, 직무관련자, 하급기관, 기타 열후에 있는 개인·법인·단체)과의 관계 속에서 공직자가 지위와 직책에서 유래되는 사실상 영향력을 통해 하게 되는 부당한 행위들이다. ④ 기타 내용은 ①, ②, ③번 행위를 하지 않기 위해, 특혜의 배제, 직위의 사적이용금지, 이권개입 금지 등의 내용들이 있다.

청렴교육을 통해 행동강령을 처음 접하는 분들이 많으면 행동강령을 한 개 조항씩 제목만 차례대로 돌아가면서 큰 소리로 읽어 본다. 읽어 보는 것만으로도 교육효과는 달성이 된다. 제목만 읽으면서도 저런 조항이 있다는 것에 뜨끔하고 더 알고 싶어진다.

공직자가 행동강령을 모르면 부패를 불러온다

그럼, 행동강령을 지키지 않았을 때 발생하는 사례를 알아보겠다. 행동강령을 지키지 않으면 수많은 부패행위와 연결이 될 수 있다. 행동강령에 있는 '경조사 통지 제한' 위반 사례에 대해 소개해 보겠다. 이 사례는 이 규정을 잘 몰라서, 쉽게 생각해서 쪽박이 된 공직자들도 많이 있고, 매년 고위공직자들의 부정행위로 뉴스에도 보도되고 있다.

행동강령에는 '경조사 통지 제한' 조항에서는 공직자(갑)는 직무관련자·직무관련공무원(을)에게 경조사를 알려서는 아니 된다고 명시하고 있다. 단, 직무관련자·직무관련공무원이라도 그 사람이 친족인 경우, 과거에 함께 근무했던 경우, 지금 함께 근무했던 사람인 경우, 그리고 소속된 종교단체·친목단체 등 회원에게는 알릴 수 있다. 인간적으로 알려야 할 사람들에게 알 릴 수 있지만, 알리면 안 되는 사람들에게는 알리지 말라는 것이다.

만약 알리지 말아야 할 사람들에게 핸드폰에 저장되어 있는 번호가 있어서 부주의해서 경조사를 통지하는 순간 감당할 수 없는 부패를 유발하는 일들이 발생한다.

갑인 공직자가 을인 직무관련자·직무관련공무원에게 보낸 청첩장 문자이다. '부디 참석해 주셔서 축하해 주시기 바랍니다. 마음만 전할 곳 ○○○○ 계좌번호' 이 문자를 받았다면 직무관련자인 을은 어떤 생각을 하게 될까? 지금 공직자의 직무와 관련하여 인가, 허가를 신청하고 납품하고 있고, 심의하고 있고, 수사하고 있고, 재판하고 있는데, '부대 참석 달라는, 마음만 전해 달라며 통장 번호'의 문자에 받는다면 어떤 일들이 발생할까? 문자를 보는 순간 불편함을 넘어 다양한 이해충돌 폭풍이 몰아친다.

첫 번째, 이걸 나한테 왜 보냈지?
두 번째, 가야 하나 가지 말아야 하나?
세 번째, 축의금은 얼마를 해야 하나?

보내준 청첩장을 보면서 자신의 이익과 공직자의 의중을 생각하면서 자신의 이익을 추구하게 되는 결정을 한다. 결혼식 참석으로 눈도장 찍고, 특혜성 보험의 축의금을 낸다. 청탁금지법에서는 특별한 직무관련성이 직접적으로 없는 한, 부조 목적으로 직무관련 공직자에게 축의금을 할 수 있다. 금액은 딱 5만 원 이내다. 그런데 공직자의 직무관련하여 이익이 크면 클수록 보험액은 올라간다. 최초에는 직접적인 직무관련성이 있으니 1원도 안 되는 것을 알지만, 곧 직무관련이 있더라도 5만 원은 가능함을 알게 되고 5만 원으로 정한다. 그러나 마음이 편치 않다. 10만 원, 아니, 100만 원, 1,000만 원 그 이상도 낼 수 있다. 나에게 청첩장을 보낸 공직자가 담당하는 인가, 허가, 납품, 계약, 심의만 잘되면 더 큰 이익이 될 수 있기 때문이다.

경조사 통보 하나가 부패 다이너마이트 도화선에 불을 지핀 것이다.

보내지 말아야 할 경조사 통지는 행동강령 위반을 넘어서 다른 반부패 법령 위반과 연결이 된다. 먼저 청탁금지법 위반이다. 청탁금지법에서는 공직자가 직접적 직무관련자로부터 경조사비로 5만 원을 초과하게 되면 2~5배 되는 과태료와 징계를 받게 된다. 만약 100만 원을 초과하는 경조사비를 받았다고 하면, 공직 생활 끝이다. 3년 이하의 징역 3천만 원 이하의 벌금에 처하여 당연 퇴직사유가 돼서 옷을 벗어야 한다. 그런데 1,000만 원을 주었다 할지라도 그냥 넘어갈 수 있다. 왜냐하면 경조사비는 준 사람과 받은 사람, 둘밖에 모르기 때문이다. 그래서 청탁금지법 위반을 감출 수 있다. 그런데 새로운 문제가 발생한다. 축의금으로 100만 원을 넘게 준 고마운 직무관련자가 곧 등장하기 때문이다. 인가, 허가, 납품, 계약, 심의에 대상자로 이름이 딱 보이는 것이다. 다른 사람은 몰라도 돈 100만 원 축의금으로 준 사람의 이름은 기억한다. 이때 어떻게 해야 할까? 여기서 공직자는 이해충돌이 또 발생한다. 이때 공직자는 이해충돌 방지법에 의해 이해충돌을 방지해야 한다. 이해충돌방지법에서는 사적이해관계자 신고 및 회피 신청 대상으로 2년 이내 1회 100만 원 이상 금품을 주고받았던 직무관련자 있다. 100만 원 이상 축의금을 받았다면 신고하고 직무 회피신청을 해야 한다. 그런데, 당연히 신고하고 회피신청해야 하는데, 할 수 있을까? 할 수 없다. 왜냐하면 100만 원 이상을 받은 것을 신고하면 청탁금지법 위반이 되고, 안 하게 되면 이해충돌방지법 위반이 되는 것이다. **결국 이럴 수도 저럴 수도 없는 상황 속에서 부패를 하게 된다. 공직자는 권한을 남용하여 법률을 위반하여 축의금을 많이 준 사람들의 이익을 위해, 인가해 주고, 허가해 주고, 납품해 주고, 계약해 주고, 수사를 무마해 주고, 무죄로 판결해 주고, 포상대상자로 선정해 주는 부패행위를 하게 되는 것이다.**

이후에도 한 번 주고받은 불편한 관계는 부패 공동운명체로서 함께 살아갈 수밖에 없다.

공직자행동강령에 나와 있는 직무관련자에게 경조사 통지 제한을 알지 못하여 부주의하게 알린 것이, 부당한 금품 요구가 되었고, 받지 말아야 할 금품을 받게 되었고, 그로 인한 대가로 특혜를 제공하게 되었다. 그리고 청탁금지법, 이해충돌방지법 위반 속에서 영원히 부패의 굴레에서 살아가게 되는 것이다.

공직자를 청렴으로 인도하는 행동강령

공직자로 살아가다 보면 다양한 이해충돌이 발생한다. 이때 공직자를 청렴의 길로 인도해 주는 것이 바로 공직자행동강령이다. 공직자로 살아가는 사람들, 공직자로 살아가길 희망하는 사람들이 있다면 지금 근무하는, 근무하고 싶은 소속기관의 홈페이지에서 공직자행동강령을 찾아서 읽어 보기 바란다. 그리고 공직생활하는 동안 이해충돌 딜레마가 생길 때마다 읽어 봐야 한다. 그러면 자신과 조직과 국민을 부패 바이러스로부터 보호하는 청렴한 공직자로 살아갈 수 있다.

3. 세상을 바꾼 '청탁금지법'

청탁금지법이 세상을 바꾸고, 나의 인생도 바꿨다. 만약, 청탁금지법이 없었다면, 지금의 대한민국은 없었을 것이요, 청렴강사로 살아가는 나의 인생이 없었을 것이다. 청탁금지법이 왜 세상을 바꾸고, 나의 인생을 바꾸었는지 알아보며 청탁금지법 3가지 금지 및 제한 행위에 대해 알아본다.

공직자에게 얼마든지 줘도 받아도 되는 세상

청탁금지법 이전 세상은 어떤 세상이었을까? 나는 그 시기에 공직자로서 살았다. 그때를 생각하면 한마디로 얼마든지 주고받아도 되는 세상이었다. 누구든지 공직자에게 직무와 관련이 있든 없든 돈을 주고 선물을 주고, 접대를 해도 되는 세상이었다. 그래서 힘 있는 공직자들에게 평소에 돈을 주고 접대를 하고 촌지를 주는 것은 반칙·변칙·부패를 좋아하는 사람들의 보험이자 이익보존 방법이었다. 줘도 받아도 되는 그래도 되는 시대에 청탁금지법 제정의 촉발이 되는 대표적인 사건들이 '벤츠 여검사', '스폰서 검사', '떡값 검사,' '골프 접대', '촌지' 등 사건들이다. 이러한 사건들이 뉴스에 등장하기 시작한 것이 2010년도다. 이때 자신들의 지위와 직책에서 유래되는 영향력을 통해서 이러한 금품을 부담 없이 마구 수수할 수 있었던 이유는 사회 관행도 법도 그래도 되었기 때문이다.

그래도 되는 이유는 이때까지 공직자의 금품과 관련하여 처벌하는 법은 형사법에 뇌물죄가 있었다. 그런데 뇌물죄 성립의 조건은 4가지다. 공직자가 직무관련하여 금품을 받고 대가를 해 주는 것이다. ① 공직자, ② 직무관련성, ③ 금품수수, ④ 대가성, 이 4가지가 모두 다 서로 연결이 되어야 한다. 그런데 위에서 국민의 공분을 산 '벤츠 여검사', '스폰서 검사', '떡값 검사', '골프 접대', '촌지' 등 사건들 모두 다 대법원 무죄 판결을 받았다. 이유는 직무관련성과 대가성이 연결이 되지 않았기 때문이다. 공직자가 금품을 받았는데 직무관련이 없거나, 그 돈의 대가가 아니라고 판단할 수밖에 없었다. 위의 스폰, 떡값, 접대, 촌지는 대가를 지정하지 않고 그냥 호의적으로 공직자들에게 줬다고 오리발을 내밀었기 때문이다. 심증은 가는데 확증할 수 있는 금품과 직무관련과 대가성을 경찰과 검사가 입증하고 연결시키지 못하기 때문이다. 지금도 횡령죄는 4가지가 다 연결이 되어야 한다. 그래서 횡령죄로는 공직자에게 얼마든지 주고받아도 처벌할 수 없었다.

그런데 이때 그래도 되는 관행에 대해 아주 불편했던 분이 계셨다. 그분이 바로 청탁금지법을 만든 당시 국민권익위원회 김영란 위원장이다. 김영란 위원장은 이전에 법관과 대법관으로 오랜 시간 살아오셨다. 법관으로 살아오면서 공직자들이 이해관계 속에 부당한 금품을 받고서도 횡령죄로 책임을 물을 수 없다는 것에 대해 매우 불편하였다고 한다. 그래서 공직사회에서 지금까지 부정한 목적과 관행으로 주고받는 모든 부패를 없앨 수 있는 방법으로 청탁금지법을 만들었다고 한다. 만드는 과정에서 그동안 마음대로 줘도 됐고 받아먹었던 수많은 부패한 정치인, 경제인, 언론인 등의 방해가 있었다. 이들은 경제를 죽인다고 일반 시민을 선동하여 청탁금지법 제정을 가로막고 방해하다가, 2012년에 김영란 국민권익위원장이 제시한 법에서 부패한 사람들이 가장 불편해한 이해충돌방지 조항들을 빼 버리고 청탁금지법을 만들게 된다. 이해충돌방지 조항들이 없어진 것은 아쉬움은 있지만 그럼에도 불구하고 나는 청탁금지법이 대한민국 2000년대 이후 우리사회에 영향을 미친 가장 큰 사건이라고 생각한다. 만약, 이때 청탁금지법이 없었다면 아마 우리나라는 너도 나도 줘도 되고 받아도 되는 부패 천국이 되었을 것이다.

공직자에게 마음대로 주고받으면 안 되는 세상

세상을 어떻게 바꿨을까? **첫 번째로 지금까지 공직자에게 마음대로 주고받았던 금품을 마음대로 주고받을 수 없게 만들었다.** 이전에 뇌물죄의 조건 ① 공직자, ② 직무관련성, ③ 금품수수, ④ 대가성, 이 네 가지 중에 ② 직무관련성과 ④ 대가성을 빼 버린 것이다. 직무관련성과 대가성이 없어도 공직자가 금품을 받으면 안 되게 한 것이다. 뇌물죄는 직무관련성과 대가성이 있어야 처벌했지만, 청탁금지법은 1회 100만 원 이상이면 직무관련성, 대가성이 없어도 형사처벌이 된다. 100만 원 이하라도 직무관련성이 있으면 2~5배의 과태료와 소속 기관에서 징계받게 된다. **두 번째는 부**

정청탁만으로도 처벌하게 되었다. 과거에는 부정청탁을 얼마든지 해도 청탁한 내용이 실행이 안 되면 처벌을 못 했다. 그런데 **청탁금지법은 ① 누구든지 ② 직무관련하여 ③ 부정한 청탁을 한 것만으로도 ④ 대가의 실행과 상관없이 처벌할 수 있다. 이것이 세상을 바꾼 청탁금지법의 내용이다.**

그 이후로 많은 공직자가 청탁금지법으로 처벌을 받고 있다. 청탁금지법 이전에 그래도 되었던 얼마든지 주고받았던 관행을 누리려고 하기 때문이다. 2021년 지방의 자치단체장으로 선출된 공직자가 아는 지인들로부터 축하의 의미로 상품권 300만 원, 양복 등 의류 500만 원, 현금 5,000만 원을 받아서 뇌물죄, 청탁금지법 위반으로 기소가 되었다. 선출직 공직자는 억울하다며 대법원까지 항소를 하였다. 대법원은 뇌물죄는 무죄, 청탁금지법은 유죄로 판결을 했다. 지금도 특정한 금품이 직무관련성과 대가가 연결되지 않는 경우 뇌물죄는 무죄다. 그러나 청탁금지법이 있기에 유죄가 된 것이다.

만약, 청탁금지법이 시행이 되지 않은 채 현재를 살고 있다고 생각하는 것만으로도 아찔하다. 공직자에게 상품권, 의류, 현금 아무리 줘도 되고 받아도 되는 무법천지의 부패 대한민국이었을 것이다.

청탁금지법 3가지 금지 및 제한 행위

다음으로 청탁금지법은 부정청탁과 부정한 금품수수를 방지하기 위해 2가지 금지 행위와 1가지 제한 행위를 두고 있다. ① 부정청탁 금지 ② 금품등 수수금지 ③ 외부강의료 수수 제한이다.

① 부정청탁금지는 누구든지 직접 또는 3자를 통하여 직무를 수행하는 공직자등에게 부정청탁을 해서는 안 된다는 것이다. ② 금품등 수수금지는 공직자등 + 배우자는 직무와 관련이 있건, 관련이 없건 받지 말아야 할 금품을 받으면 안 되고, 누구든지 공직자등 + 배우자에게 공직자에게 주지 말아야 할 금품을 받으면 안 되는 것이다. ③ 외부강의 등의 사례금 수수 제한은 공직자등은 자신의 직무관련하여 외부강의를 할 수 있다. 이때 강의를 하려면 신고하고, 강의료는 법에서 정한 금액으로 제한을 하고 있는 것이다.

숫자로 알아보는 청탁금지법

- 1·1·3 금품수수 기준과 벌칙
- 5·5·5 음식물,선물,경조사비 허용 기준
- 0·5·100·∞(무한) 금품수수 금지 및 허용 기준

부정청탁·부정금품등 수수·외부강의 시 조치 의무

공직자는 부정청탁이나 금품을 받거나 외부강의를 할 때 3가지를 잘하면 된다. 거절, 반환, 신고다. ① 부정청탁을 받았을 때는 2 Step으로 조치해야 한다. 1 Step은 거절하고 부정청탁임을 알려야 하고, 2 Step은 또다시 같은 청탁을 받게 되면 신고해야 한다. ② 부정한 금품등을 받았을 때에는 1 Step으로 조치해야 한다. 거절과 반환과 신고를 지체 없이 해야 한다. ③ 외부강의를 할 때에는 신고를 하고 하면 된다.

청탁금지법은 공직자뿐만 아니라 모든 공직자와 관련된 개인·법인·단체 등에 적용된다. 공직자에게 청탁하고 공직자에게 금품을 준 사람은 물론 소속 법인도 양벌규정에 의해 처벌받는다.

청탁금지법으로 나의 인생도 바뀌었다. 공직 생활을 5년 앞두고 공직기강 담당자로 임명이 되었다. 그 시기가 바로 2016년 청탁금지법이 시행된 시기다. 이때 기관 내에 공직자들에게 신설된 청탁금지법을 교육을 위해 공부하다 청렴연수원 청렴강사과정을 알게 되고, 강사기본과정, 전문과정, 등록평가를 통해서 청렴교육강사가 되었고, 이후 기관 내에서 매년 순회교육과 매달 청탁금지법 및 반부패 법령 시리즈를 주제로 강의를 했다. 이러한 과정이 퇴직 후에는 직업이 되어 2021년부터 2024년까지 대한민국 공공기관에 800여 회의 강의를 하고 있다. 세상을 청렴하게 만드는 강의를 한다는 것은 너무 가슴 뛰고 보람된 일이다. 제2의 인생을 청렴강사로 살아갈 수 있도록 해 준 청탁금지법에 감사한다.

하지만, 청탁금지법이 시행된 지 8년째 되면서 느낌은 처음 초심의 청탁금지법을 잊어 가고 있는 것이 아닌가 걱정이 된다. 최근 고위공직자와 배우자들이 청탁금지법의 근간을 흔들고 있기 때문이다.

공직자와 공직자의 배우자는 아무 이유 없이 주고받은 금품도 독이 들은 뇌물이 될 수 있다는 것을 명심하고 살아야 한다. 다시금 청탁금지법이 처음 시행되었을 때 그 마음으로 청탁과 금품의 유혹을 거절, 반환, 신고로 대응할 수 있어야 한다.

4. 부패 방지의 끝판왕 '이해충돌방지법'

부패 방지의 끝판왕은 이해충돌방지법이다. 부패를 방지하기 위한 세계에서 최고의 강력한 부패방지법이다. 이보다 더 부패를 방지하는 방법은 없다.

청탁금지법보다 10배 강력한 이해충돌방지법

내가 주장하는 이해충돌방지법이 강력하다고 하는 이유가 있다. 청탁금지법은 부정청탁이나 부정금품을 수수하게 되면 처벌하는 것이다. 당연히 공직자로 받지 말아야 할 금품을 받았으니 벌을 받는 것이다. 그런데 **이해충돌방지법은 부정청탁을 받지도, 해 주지 않고, 부정금품 수수하지 않았다 할지라도 처벌이 될 수 있다. 내가 잘못을 하지 않았는데도 처벌이 된다는 것이다.** 예를 들어 공직자가 함께 사는 배우자, 가족, 함께 근무했던 사람들, 함께 근무하다 퇴직한 선배님, 골프·여행을 같이 한 선배님, 돈을 빌리고 빌려줬던 사람들이 자신의 직무와 관련이 있을 때 신고하지 않으면 처벌을 한다는 것이다. 내가 아무 부정행위를 하지도 않았는데도 나의 직무와 관련하여 내가 친한 사람들과 관계가 있다는 것만으로도 이해충돌 방지법에서 정해진 액션을 취하지 않으면 처벌을 받게 되는 것이다. 너무나 억울할 수 있다. 그러나 이제 공직자는 청탁금지법의 안 주고 안 받기를 넘어서 다른 사람이 보았을 때 특혜와 불공정의 의심과 의혹이 있을 수 있는 상황이 발생한다면 '나 이 사람 가족입니다. 함께 근무했던 절친입니다.' 알리고 투명하고 공정하게 직무를 수행을 해야 하는 것이다.

이런 강력한 이해충돌방지법이 등장하게 된 것은 앞서 설명한 청탁금지법에서 시작된다. 2012년 국민권익위원회에서 처음에 제정안의 명칭은 부정청탁 및 이해충돌방지법이다. 그런데 부패한 사람들, 이해충돌이 많은 사람들이 '이해충돌방지'를 빼 버리고 '부정청탁 및 금품수수 등에 관한 법률'로 만들어 시행이 되었다. 청탁금지법이 시행되고 1년 후부터 대한민국은 고위공직자의 이해충돌의 문제로 몸살을 앓게 된다. 고위공직자 자녀의 스펙·상장·장학금 논란, 국회와 지방의회의원의 자신과 가족이 운영하는 업체와 수백억의 수의계약을 하고, 자녀를 국회의원 비서실에 채용하는 등 하루가 멀다고 이해충돌 부패로 국민들을 피로하게 했다.

마지막 촉발은 ○○공공기관의 직무관련 정보를 이용한 부동산 투기 사건이다. 일파만파로 커진 이해충돌의 문제는 5년 전에 청탁금지법에서 빼 버렸던 이해충돌방지법을 불러오게 된 것이다. 청탁금지법은 제안부터 제정까지 3년 걸렸는데, 이해충돌방지법은 3개월 만에 제정되어 선포된다. 국민들의 분노를 가라앉힐 수 있는 방법은 이행충돌방지법밖에 없었다.

이해충돌방지법 4가지 특징 '예방, 관계, 공정, 액션'

이해충돌방지법은 4가지 특징을 가지고 있다.

첫 번째는 예방법이다. 앞서 알아보았던 청탁금지법은 처벌법이다. 부정청탁과 부정금품을 수수하면 처벌하겠다는 법이다. 이해충돌방지법은 부패 발생 후가 아닌 부패 발생 이전에 방지하기 위해 선제적으로 신고하고 제한하고 금지하는 법이다.

두 번째는 관계법이다. 이해충돌방지법에는 다양한 사람들이 등장한다. 대한민국 법에서 가장 많은 다양한 사람들이 등장한다. 이 사람들이 앞서 알아본 공직자를 부패하게 만드는 TOP 10 사람들이다. 이해충돌방지법은 이 사람들과의 관계에서 이해충돌을 방지하는 법이다.

세 번째는 공정법이다. 이해충돌방지를 해야 될지 안 해도 될지의 기준은 공정성이다. 이 공정성은 공직자 자신이 공정하다고 판단하는 것이 아니라, 다른 사람, 3자가 보았을 때 공정해야 하는 것이다. 만약 3자가 보았을 때 공정성의 의심이 되는 상황이라면 민감하게 반응하여 방지 액션을 취해야 한다.

네 번째는 액션법이다. '오얏나무 아래서 갓끈을 고쳐 매지 말라.', '참외밭에서 신발 끈을 고쳐 매지 말라.'는 것처럼 공직자로 직무수행간 다른 사람이 의혹, 의심의 여지가 있는 상황을 만들지 말고, 만약 이런 상황이 생기면 액션을 취해야 한다. 바로 신고하고, 제한하고, 금지해야 하는 액션이다. 액션을 통해 이해충돌을 방지하는 것이다.

이해충돌방지 10가지 액션(⑤ - ③ - ②)

이해충돌방지법에는 이해충돌방지 액션은 10가지가 있다. 10개 중 5개는 '신고하라', 3개는 '제한하라', 2개는 '안 된다, 금지'다.

이해충돌 방지 ⑤가지 - '신고하라'(Declare)

> 1. 사적이해관계자의 신고와 회피·기피 신청
> 2. 공공기관 직무관련 부동산 보유·매수 신고
> 3. 고위공직자의 민간 부문 업무활동 내역 제출 및 공개
> 4. 직무관련자와의 거래 신고
> 5. 퇴직자 사적 접촉 신고

'신고하라'는 Declare로 선언하고 선포하고 공표하여 공식적으로 또는 분명하게 이해충돌 사실과 이해충돌 방지를 알리는 것이다. 신고가 자체가 부패를 하지 않겠다는 약속이자 선언이다. '나 이해충돌이 이렇게 있다. 그래서 신고하고 부패하지 않겠다는 약속을 하는 것이다.' "나의 배우자가 우리 기관 개발 관련 부동산을 샀다." "나 직무관련자와 돈 거래했다." "나 직무관련이 있는 퇴직한 선배님 만나서 골프도 치고 여행도 다녀왔다." 하고 신고하는 것이다. 이러한 상황을 다른 3자가 알았다면 어떻게 생각할까? 당연히 의심하고 의혹을 제기할 수 있다. 특혜와 부정의 의혹이 있는 것이 아닌지? 이런 의혹이 있기 전에 신고하여 부패를 차단하

는 것이다. 땅 샀다고 신고하고, 거래했다고 신고하고, 퇴직한 선배님 만났다고 신고한 사람이 부동산 투기를 하고, 불공정한 거래를 하고, 특혜를 줄 수 있을까? 당연히 하지 않을 것이다. 신고하는 순간 이 공직자는 공정함을 선포하는 것이다. 또한 감사실에서도 신고받은 사항에 대해서도 공정하고 투명하게 하는지 확인도 할 것이다. 이해충돌방지법에서 신고, 제한, 금지 중에 가장 중요한 것이 바로 '신고'이다. 신고를 통해서 근본적으로 이해충돌을 방지하는 것이다. 그래서 나는 강의 시간에 이해충돌방지 신고를 하는 사람에 대해 포상을 해 줄 것을 권장한다. 자신의 이해충돌 상황을 민감하게 인식하고 적극적인 신고를 하는 사람이 청렴을 실천하는 사람이기 때문이다. 이런 신고자를 칭찬하고 포상하는 문화가 되면 너도 나도 이해충돌을 방지하는 청렴 문화로 나아가는 데 중요한 역할을 할 수 있다.

이해충돌 방지 ③가지 - '제한하라'(Go or Stop)

1. 가족 채용 제한
2. 수의계약 체결 제한
3. 직무관련 외부활동의 제한

'제한하라'는 Go-Stop이다. 해도 되는 것인지, 하면 안 되는 것인지 살펴야 하는 것이다. 소속기관에 가족채용 시 공정경쟁 절차에 의한 채용은 가능한데 특별채용은 안 되고, 소속기관과 계약 시 공정경쟁입찰은 가능하지만 수의계약은 안 되고, 직무관련 외부활동은 허가를 받고 가능하지만 돈을 받거나 이해관계 속에서 등 공정성을 해치는 활동은 금지하는 것이다.

이해충돌 방지 ②가지 - '안 된다'(Stop)

> 1. 공공기관 물품 등의 사적 사용·수익 금지
> 2. 직무상 비밀 등 이용 금지

'안 된다'는 NO다. 안 되는 것이다. 공직자가 자신의 직무관련 비밀이나 미공개정보를 사적으로 이용하여 재물, 재산상 이득을 취하는 것은 당연히 안 되고, 재물·재산상 이득을 취득하지 않았다 할지라도 비밀·미공개정보를 사적으로 이용하는 것 당연히 안 되는 것이다. 그리고 공용물은 공적인 용도로 사용하는 것이므로 공용물을 사적으로 사용하면 안 되는 것이다.

이해충돌방지법에서 제시된 10가지 액션만 잘 지켜지면, 청탁금지법 위반으로 가지도 않는다. 사전에 내가 사랑하는 사람들, 나를 부패하게 만드는 사람들과의 공과 사를 명확히 구분하고 공정선(線)을 그어 버리기 때문이다. 신고와 제한과 금지를 함으로써 공직자의 지위과 직무관련하여 사적이익을 취할 수 있는 부패의 싹을 제거하여 부패의 싹을 잘라 버리는 것이다.

이런 부패를 방지하기 위한 최고의 법이 시행된 지 2년이 되고 있지만 시행 후 부패방지 성과에 대해 가시 할 만한 이야기는 없다. 청탁금지법이 시행되었을 때는 매일 자고 일어나면 들썩들썩했었는데.

그러나 이해충돌방지법은 공직자들의 마음속에 점차 자리잡게 되어 다양한 이해충돌 감지 시 신고하고 제한하고 금지하여 부패방지를 하는 최고의 법이 될 것이다.

5. 눈먼 나랏돈은 없다, '공공재정환수법'

돈에 눈이 먼 사람들의 돈 - 눈먼 돈

눈먼 돈은 있을까, 눈먼 돈은 없다. 눈먼 돈이라고 생각하는 사람들은 돈에 눈이 먼 사람들이다. 헌법 10조에서는 '모든 국민은 인간으로서의 존엄과 가치를 가지며, 행복을 추구할 권리를 가진다'라고 규정하고 있다. 이어 '국가는 개인이 가지는 불가침의 기본적 인권을 확인하고 보장할 의무를 진다'고 명시하고 있다. 이것이 국민의 권리와 국가의 책무다.

국가는 국민의 행복추구 인권을 보장하기 위해서 사회적 약자 및 다양한 공공의 이익을 위해 보조금, 보상금, 출연금의 공공재정을 제공함으로써 국가의 책무를 지는 것이다. '24. 01. 27. 기준 보조금24에 등록된 보조금은 총 10,103개로 중앙부처 428개, 자치단체 4,978개, 공공기관·교육청 952개라고 한다. 대한민국 국민은 모두 어떤 형태의 보조금 등에 대한 공적자금을 받고 있다. 코로나19 시기에 모든 국민은 코로나19 극복을 위한 지원금도 받았다. 그래서 모든 국민은 보조금을 받을 권리를 누리고 있다.

그런데 문제는 보조금을 받을 권리가 없는 사람들이 보조금을 받고 있는 것이다. 이들이 말하는 보조금은 "꽁돈, 못 받으면 바보."라고 하며 받을 수 없는 보조금을 당연하듯이 받고 있다. 부정수급 분야도 방법도 수백, 수천 가지다. 국가에서 지급한 보조금을 공무원들이 일일이 확인할 수 없기 때문에 감시의 사각 지역과 법의 허점을 이용하여 보조금을 빼먹는 것이 관행이 되고 당연한 것이 되어 죄의식도 없다. 반칙하고 변칙하여 부정하게 보조금을 타 먹는 사람들은 자랑도 한다. 그 자랑에 배 아픈 사람들도 방법을 배워서 타 먹고 자랑한다. 온통 보조금이 눈먼 돈이 되어 버린 것이다. 더해서 절차가 어려워서 받기 어려운 보조금은 브로커까지 나서서 부정 보조금 수급을 부추긴다.

부정청구 행위 4가지

그래서 등장한 것이 눈먼 나랏돈은 없다. '공공재정환수법'이다. 약칭 공공재정환수법은 2020년 1월 1일 시행이 되었다. 정식명칭은 '공공재정 부정청구 금지 및 부정이익 환수 등에 관한 법률'이다. 공공재정 부정청구 유형은 4가지다. 부정청구란 '공공재정을 받을 수 있는 **① 자격이 없는데도 받는 사람, ② 받을 수 있는 금액보다 더 많이 받은 사람, ③ 받은 목적과 달리 사용한 사람, 그리고 ④ 잘못 지급된 금액을 사용한 사람**'이다. 이러한 부정청구를 금지하고 부정청구한 이익을 환수하겠다는 법이다. 단순히 부정청구한 금액만 환수하겠다는 것이 아니다, 반칙하고 변칙하는 방법으로 부정하게 받은 행위의 대가도 치르게 하는 법이다.

앞에서 설명한 공직자행동강령, 청탁금지법, 이해충돌방지법은 '공직자가', '공직자는'과 관련된 부정한 부패에 대한 법이라면, 공공재정환수법은 공공재정과 관련된 사람들의 부패를 방지하기 위한 것이다. 공직자의 부패는 '공직자가 권한을 남용하거나 또는 법률을 위반하여 자신과 타인의 이익을 도모하는 것'이라고 하면, 공공재정 부패는 '공공재정을 수급받는 사람들이 법률을 위반하여 자신과 타인의 이익을 도모하는 것'이다. 똑같은 부패다. 그동안 똑같은 부패임에도 공직자의 부패에만 집중하고, 공직자만 부패하지 않으면 된다고 생각했다. 민간에서 일어나는 부정한 부패에 대해서는 많이 소홀했다.

부정 청구 시 조치, 환수 + 제재 부과금 + 이자 + 명단공표 + 형사처벌

공공재정 부패에 대해서 공공재정환수법에서는 대가를 치르게 한다. 이제는 공공재정을 부정하게 받으면 쪽박을 차고 창피도 톡톡히 당하고 감옥에도 갈 수 있다.

공공재정을 부정수급하면 ① **부정하게 받은 공공재정 환수**, ② **제재 부과금**, ③ **이자**, ④ **압수·몰수**, ⑤ **명단공표**, ⑥ **형사처벌**까지 하게 된다.

① 부정하게 받은 돈 환수

부정하게 받은 공공재정 환수는 당연한 거다. 500만 원씩 1년을 청구했다면 6천만 원을 반환해야 한다.

② 부정한 행위에 대한 제재 부과금(2~5배)

부정한 행위에 대한 대가를 돈으로 내게 한다. 자격이 안 되는데 허위로 청구한 자는 받은 부정 청구 금액의 5배를 내야 한다. 과다하게 청구한 자는 3배, 목적 외 사용한 자는 2배의 금액을 내야 한다. 예를 들어 1년간 공공재정을 5천만 원 허위로 청구였다면 × 5배 = 2억 5천만 원을, 과다 청구하였다면 × 3배 =1억 5천만 원을, 목적 외 사용했다면 × 2배 = 1억을 내야 한다. 받은 원금과 합하면 5천만 원을 허위부정 청구한 자는 3억, 과다 청구는 2억, 목적 외 사용은 1억 5천만 원이다. 다달이 5백만 원씩 부정수급한 금액이 1년 만에 눈덩이처럼 커져서 3억이 된 것이다. 공공재정을 부정으로 받은 사람들이 쪽박을 차게 되는 것이다. 5천만 원씩 받아서 쓸 때는 좋았다. 돈도 펑펑 쓰면서 자랑도 했는데 적발되어 부정수급한 자가 되면 3억을 내야 한다. 과연 낼 돈은 있을까? 바로 대박인 줄 알고 눈먼 돈이 쪽박이 되는 신세로 만들게 된 것이다.

③ 안 내면 낼 때까지 가산금

여기에 더하여 원금 + 제재부과금(2~5배) + 가산금 이자가 붙는다. 좀 봐준 것이 이자는 5년 60개월까지만 붙는다. 안내면 계속 독촉장이 날아가고 국세체납 처분을 받게 된다. 공공재정을 지급한 기관에서 부정이익 환수 및 제재부가금을 부과·징수를 위해 재산이 얼마인지 확인하여 탈탈 털리게 된다.

④ 창피를 당하게 하는 명단공표

그리고 창피를 주는 것이다. 명단공표다. 공공재정을 지급한 기관의 홈페이지에 부정청구한 사람의 성명, 상호, 나이, 주소와 함께 부정청구한 내용과 제재부과금 내용을 1년간 게시하고, 안 내면 계속 게시한다.

⑤ 감옥에도 갈 수도, 형사처벌

법이 처음 제정되었을 때는 부정청구 시 형사처벌은 없었으나, '24. 3. 26. 에 개정된 법에는 부정청구 시 최대 3년 이하의 징역 또는 3천만 원 이하의 벌금이 추가되었다. 일반인들도 부패를 하면 감옥 가는 처벌을 받게 되는 것이다.

눈 먼 나랏돈은 없다

대한민국이 행복한 나라가 되기 위해서는 공직자의 부패를 넘어 민간의 부패가 없어져야 한다. 현 정부에서 공공재정 부정수급 사건들이 이슈되고 있다. 지금 이슈되고 있는 것은 새 발의 피다. 적발되지 않은 부정행위들이 더 많다. 공공재정환수법이 시행된 지 5년이 되고 있지만 이 법의 가시적인 성과는 아직 미미하다. 이 법이 있는 줄도, 얼마나 무서운지도 모르고 있는 공공재정을 눈먼 돈으로 생각하는 수급자들이 아직 많다. 지방자치단체에서 보조금 수급대상자들을 대상으로 강의 시간에 5천만 원이 3억이 되는 과정을 설명해 드리면 깜짝 놀라는 분들도 있다.

행복한 대한민국이 되기 위해서는 사회적 합의를 바탕으로 투명한 사회를 만들어 나가야 한다. 사회적 합의란 모든 사람이 부정청구하면 안된다는 생각이 되는 것이다. 그럴 때 대한민국 모든 사람이 행복해질 수 있다. 매년 전기가 끊겨서, 물이 끊겨서 일가족이 목숨을 끊는 일 있어서는 안 될 불행한 일이 일어난다. 공공재정이 꼭 필요한 이런 사람들에게, 필요한 만큼 골고루 지급되는 부패 없는 나라를 함께 만들어야 한다.

6. 세상을 구하는 '공익신고자보호법'

세상은 누가 구하나? 내가 어릴 때는 마징가 Z과 로보트 태권V가 구했고, 이후에는 007이 구했고, 〈미션임파서블〉 톰 크루즈가 구한다. 세상을 구한 사람들은 영화에만 있지 않다. 주위를 둘러보면 우리 옆에도 있다. 차량 결함을 알고도 리콜하지 않는 회사를 신고하여 세상을 구한 사람이 있다. 만약, 신고를 안 했다면 수많은 사람의 목숨을 위태롭게 만들었을 것이다. 세상을 구한 영웅은 칭찬받고 박수받아야 한다. 그런데 세상은 구했지만 칭찬받지 못하고 박수받지 못하는 사람들이 있다. 그 이유는 알려지게 되면 반칙하고 변칙하고 불공정하고 갑질하고 부패한 악당들에 의해 고통과 불이익을 받을 수 있기 때문이다. 이 사람들을 우리는 세상을 구한 '공익신고자'라고 부른다.

일반 사회에서 일어나는 대국민 부패 행위들

"공익신고자"란 "국민의 건강과 안전, 환경, 소비자의 이익, 공정한 경쟁 및 이에 준하는 공공의 이익을 침해하는 행위"를 신고한 사람을 말한다. 부패 악당들은 자신들의 이익을 위해 국민의 건강을 위협하는 먹어서는 안 되는 음식을 만들어 팔고, 살균제를 뿜어내는 가습기를 만들어 판다. 만약, 알고 있던 사람들 중 누군가가 신고했더라면 수많은 사람의 죽음을 막을 수 있었을 것이다. 자신들의 이익을 위해 안전을 소홀이 하여 국민의 생명을 빼앗는 성수대교 붕괴 참사, 삼풍백화점 참사, 세월호 참사, 건물을 통째로 철거하여 지나가던 버스를 덮치게 하여 수많은 사상자를 발생시키고, '순살아파트'를 지어서 살 떨리게 한다. 국민의 안전은 그들에게 비용을 발생하게 하는 손해가 되기 때문에 안전을 무시하고 위협하는 행위를 한다. 부패 악당들은 주식 조작을 통해서 투자자들의 이익을 침해한다. 부패 악당들은 공정한 거래를 하지 않는다. 이 모든 것이 국가에서 조직 속에서 그들에게 위임된 권한을 남용하고 법률을 위반하여 악당들의 이익을 위하여 특정·불특정 국민을 대상으로 건강과 안전과 환경과 이익과 공정한 거래 등 공익을 침해하는 대국민 부패행위인 것이다.

공직자의 부패는 예방하기 위해 공공기관에서 매년 2시간 부패방지 교육도 하고, 해당 기관 감사기관에서 예방 활동도 하지만, 일반사회에서 일어나는 공익을 침해하는 부패행위 방지를 위한 기업 등 일반사회에 예방 교육도 예방 활동도 의무화되어 있지 않다. 다만, 상장회사나 금융회사는 준법지원인 제도와 준법감시인 제도를 통해 준수토록 하고 있으나 나머지 기업은 감시도 시스템도 없다. 그래도 요즘 많은 기업에서 준법경영, 윤리경영, 컴플라이언스 경영을 하겠다고 하고 있다. 그러나 늘 기업 등 모든 사회에 있는 개인·법인·단체 등에서 공익을 침해하는 행위는 대형 사건이 터져야 알게 된다. 너무나 많은 사람이 죽고, 다치고, 피해를 입은 후에나 알게 되는 것이다. 이들에 대해 처벌한들 무슨 소용이 있겠나! 소 잃고 외양간을 고치는 것이다.

부패를 잘 아는 사람들 - 내부 공익신고자

그래서 일반 사회에서 불특정 개인·법인들이 공익을 침해하는 부패도 예방이 필요하다. 그런데 예방을 위해서는 공익을 침해하는 부패행위를 알아야 하는데 도대체 알 수가 없다. 이 나쁜 행위들을 안 보이게 숨어서 은밀하게 하기 때문이다. 그래서 공익침해 부패에 대한 예방을 위해 내부 공익신고자가 필요하다. 내부 공익신고자는 공익침해를 했던 사람들과 함께했던, 지금도 함께하고 있는, 또는 직간접적으로 관계가 있는 내부 사람들이다.

공익신고자의 4가지 두려움(배신자, 신분 박탈, 신변 위협, 책임 처벌)

그렇기 때문에 신고하기가 더욱 힘들다. 신고를 해야 하는데, 하게 되면 어떻게 될지 백번 천번의 고민을 한다. 또 신고로 인해 받게 될 두려움이 너무 크기 때문이다. 공익신고자의 두려움은 신고 노출로 인한 배신자 낙인, 신분 박탈, 신변 위협, 공익침해에 연루된 자신의 책임 등이 있다.

첫 번째 두려움은 배신자의 낙인이다. 공익신고자를 배신자로 낙인을 찍는 것이다. 공익신고자는 공익침해행위를 비밀로 신고했는데 신고한 사실이 노출이 된 것이다. 그때부터 공익신고자는 배신자로 낙인이 찍히고 함께하는 사람들로부터 왕따를 당하고 불이익이 시작된다.

두 번째 두려움은 신분 박탈이다. 공익신고를 했다는 이유로 공익침해자들은 권력을 이용하여 해고, 파면, 전보 등과 같은 인사는 물론 다양한 방법으로 불이익을 주고 조직에서 생활할 수 없게 만든다.

세 번째로 두려움은 신변 위협이다. 공익신고를 취소하라고 강요하며 정신적, 육체적인 위협이다. 이 위협은 점점 더해져 자신의 신변뿐만 아니라 가족들에게까지 위협으로 이어진다.

네 번째는 자신도 처벌받는 것에 대한 두려움이다. 공익신고자가 공익침해라는 것을 알게 되기까지 자신도 모르게 행했던 일들이 공익침해에 연루되어 있기 때문이다. 신고하게 되면 자신도 처벌을 감수해야 하는 딜레마에 빠지게 된다.

그리고 위와 같은 배신자 낙인, 신분 박탈, 신변 위협, 책임 처벌에 대한 정신적, 육체적, 경제적인 고통을 받게 되는 것이다. 왕따를 당하고 파면을 당하고, 육체적인 피해를 당하고, 법적인 책임을 져야 하는 모든 삶을 잃게 될 수 있는 고통이다.

이런 두려움에도 이기고 세상을 구하기 위해 신고를 한 사람이 바로 '공익신고자'다.

이 두려움과 고통을 보호해 주고 보상해 주기 위한 법이 '공익신고자 보호법'이다. 공익신고자 보호법은 위에서 열거된 두려움과 육체적, 정신적, 경제적인 불이익에 대해 보호와 보상을 해 주는 법이다.

세상을 구한 공익신고자 보호 4가지(비밀보장, 신분보장, 신변보호, 책임감면)

공익신고자 보호는 첫 번째 배신자 낙인의 두려움에 대해서는 공익신고자라는 비밀이 노출되지 않도록 비밀보장을 하는 내용이다. 공익신고자임을 노출한 자에게는 최고 5년 이하의 징역에 처하는 벌을 준다.

두 번째로 신분 박탈의 두려움에 대해서는 공익신고를 한 이유로 불이익을 주지 못하도록 하는 법이다. 법으로 정하는 불이익에는 신분상 불이익, 인사와 관련된 불이익, 재화의 사용에 대한 불이익, 행정적 불이익, 경제적 불이익 등이 있다. 세 번째 신변 위협에 대한 두려움은 위협에 대해 특정시설에서 보호, 동행, 경호, 순찰 등으로 경찰이 함께하면서 안전하게 보호하는 것이다. 네 번째 공익침해 행위에 연루된 책임에 대한 보호이다. 공익신고자가 연루된 공익침해 행위에 대한 형사·징계 및 행정처분의 감경 또는 면제, 직무상 비밀준수 의무를 적용하지 않고 악당들이 손해배상 청구를 할 수 없게 해 주는 것이다.

세상을 구한 공익신고자에 대한 보상 3가지(보상금, 포상금, 구조금)

공익신고자 보호와 더불어 당연한 보상이다. 공익신고를 함으로써 세상을 구한 가치에 대한 보상금을 준다. 공익신고로 인하여 직접적인 공공기관 수입의 회복이나 증대, 절감을 가져오게 된 경우에 그 금액의 30%를 지급한다. 다음으로는 세상을 구하기 위해 두려움을 이기고 신고한 공익신고자에 대한 포상금이다. 포상금은 최고 5억 원까지 지급한다.

추가적으로 구조금이 지급된다. 구조금은 공익신고로 인해 받은 신체적, 정신적, 경제적인 피해의 금전적 손실을 보상 해 주는 것이다. 병원치료비, 변호사비, 이사비 등이다.

공익신고로 인해 혜택을 받는 사람들은 국민 모두다. 공익신고자 보호 및 보상은 두려움을 이기고 공익신고를 한 공익신고자에 대한 보호와 포상은 국가와 국민의 당연한 도리이다.

지금도 세상을 구하고 싶은 많은 사람들은 있지만 여전히 신고의 두려움이 있다. 두려움에 용기를 낼 수 있도록 보호와 보상과 더불어 공익신고자가 박수받고 칭찬받는 세상이 되어야 한다.

7. 한번 공직자는 끝까지 공정하게 살아야 한다, '공직자윤리법'

공직자는 '공정한 나눔을 하는 직업을 가진 사람을 뜻한다.'는 이야기를 했었다. 공직자가 되면 공직자로 살아가는 기간뿐만 아니라 공직생활 이후에도 공정한 나눔을 해야 한다. 그 이유는 공직자로 살았던 지위와 영향력이 공직자 생활을 마친 이후에도 오래가기 때문이다.

공직자는 공직자로부터 퇴직 후 생애주기 발생할 수 있는 부패에 연루되지 않기 위해 노력해야 한다. 먼저, 공직자로서 살아갈 때는 공직자의 지위와 권한으로부터 발생할 수 있는 부패와 연루되면 안 된다. 공직자를 마친 후에도 공직자로서 살아갈 때 알은 정보나 영향력을 이용한 부패와 연루되면 안 된다.

공직생활간 부패방지하기 '3가지 신고하기'

공직자로서 살아가면서 부패를 예방하기 위해서는 앞서 설명한 공직자행동강령, 청탁금지법, 이해충돌방지법 등 반부패 법령과 더불어 공직자 윤리법을 준수해야 된다. 공직자 윤리법에 등장하는 공직자들은 권한이 많거나 이권의 업무를 수행하는 특별한 공직자들이다. 이 공직자들은 **재산신고, 백지신탁, 선물신고**를 하는 것이다. ① **재산신고**를 통해서 나 부정하게 재산을 불리지 않았다고 투명하게 공개하는 것이다. ② **백지신탁**을 통해 직무관련한 주식에 영향력을 줄 수 있는 공정성의 의혹을 받지 않기 위해 주식을 팔거나 관여하지 않겠다고 신고하는 것이다. ③ **선물신고**는 공직자로서 활동간 외국 정부 등으로부터 받은 선물을 받았다고 신고하는 것이다. 요즘 이 3가지 준수사항을 지키지 못하겠다는 고위공직자들이 있다고 한다. 그럴 거면 공직자를 하지 말아야 한다. 이 3가지 행위를 준수하는 것은 투명하고 공정하게 직무를 수행하겠다는 공직자로서 기본이자 국민과의 약속이다.

공직생활 퇴직 후 부패방지하기 '5가지 제한하기'

공직자윤리법은 공직생활을 할 때보다 퇴직 후 부패를 방지하기 위한 제한 행위가 더 많다. 제한행위로는 '**취업제한**', '**취업사실 신고**', '**업무취급 제한**', '**업무내역서 제출**', '**부정한 청탁·알선 행위 금지**'가 있다.

① 취업제한

공직생활간 재산등록 의무 대상이었던 퇴직자들의 취업을 제한하는 것이다. 이 대상자들은 퇴직 후 3년간 자신이 했던 직무와 밀접한 업무가 있는 기업이나 단체에 취업이 제한된다. 직위가 높으면 높을수록 범위는 확대가 된다. 다만, 관할 공직자윤리위원회에 승인을 받으면 취업이 가능하다. 공직생활간 지위와 영향력을 이용한 취업을 제한하는 것이다.

② 취업사실 신고

2급 이상 고위공직 등은 퇴직 후 10년 동안 취업을 하게 되면 1개월 이내에 취업 사실을 퇴직 전 소속기관에 신고를 해야 한다. 혹시, 자신의 영향력을 이용하여 부정한 취업을 하는지 확인하겠다는 것이다.

③ 업무취급 제한

업무취급 제한은 모든 퇴직공직자에 해당이 된다. 재직 시 본인이 직접 처리한 업무 취급을 제한하는 것이다. 자신이 퇴직 전 영향력을 통해서 자리를 만들어 놓고 그 업무를 하는 자뻑을 하지 말라는 것이다.

④ 업무내역서 제출

2급 이상 고위공직자들이 승인을 받고 취업제한 기관에 취업한 경우 퇴직 후 2년 동안 업무내역서를 제출해야 한다. 정말 퇴직 전 직무관련하여 업무를 취급하지 않는지 확인하는 것이다.

⑤ 부정한 청탁·알선 행위 금지

이 행위는 퇴직한 모든 공직자에 해당하는 내용이다. 퇴직공직자는 퇴직 전 소속기관의 임직원에게 공정한 직무수행을 저해하는 부정한 청탁 또는 알선을 금지한다. 앞서 서술한 4가지의 제한 사항을 주는 이유가 바로 다섯 번째 행위를 하기 때문이다.

퇴직공직자의 전관예우 카르텔

세상의 많은 부패들이 퇴직한 공직자와 현재 공직자와 연결되어 있다. 앞에서 카르텔에 대한 이야기를 했었다. 다양한 카르텔 중에 가장 효과적인 카르텔이 직연 카르텔이다. 함께 근무했던 사람과의 관계 속에서 이루어지는 전관예우 카르텔이다. 전관예우 카르텔은 현직과 퇴직자와의 연결된 부패 카르텔이다.

2021년 ○○지방에서 철거하던 건물이 통째로 붕괴되면서 지나가는 시내버스를 덮친 사고가 있었다. 버스에 타고 있던 많은 사람들이 죽고 다쳤다. 정말 어이가 없는 사고다. 철거하는 건물이 갑자기 왜 도로로 붕괴가 되었을까? 여기에 부패가 있었다. 부패는 이렇게 무고한 사람들에 피해를 준다. 이 사건의 시작은 바로 전직 공직자와 현직 공직자와의 연결된 전관예우 관행 부패다. 과거로부터 검사, 판사, 경찰, 군인, 정부부처, 공공기관 등 힘 있는 이권 직위에 있었던 퇴직자들의 전관예우 관행 속에서 부패는 그래도 되는 관행이었다.

이 나쁜 전관예우의 부패를 어떻게 끊어 내야 할까. 어렵다. 퇴직한 공직자가 공직자로서 살아왔던 권력과 특권 속에 있는 욕심을 내려놓기 어렵기 때문이다. 퇴직 후에도 공직자였던 과거에 영향력에 기대어 기업에서 법카도 주고, 자문료도 주고, 대접도 해 주는 유혹을 거절하기 어렵다. 결국 법카를 쓰고, 받은 돈과 받은 대접에 대한 값을 치러야 한다. 영향력을 이용한 부정청탁과 알선이다. 누구에게? 자신의 청탁을 거절할 수 없는 사람들, 과거에 자신이 진급시켜 주고 잘해 줬던, 은혜를 줬던 후배 현직 공직자에게 청탁을 하고 알선을 하는 것이다. 이러한 전관예우의 관계는 체인처럼 연결된 고리가 되어 대를 이어서 계속 이어진다.

그러나 언젠가는 부정한 청탁을 하고 알선한 대가로 누린 대가를 치르게 된다. 더 큰 고위공직자로 가는 길목에서 발목을 잡히고, 누군가의 신고로 부패행위자로 감옥에 간다. 이런 일들을 우리는 뉴스에서 늘 보고 듣고 있다.

퇴직공직자가 빼야 할 것과 더해야 할 것

공직자로서 청렴하게 살아가야 하고 퇴직 후에도 청렴하게 살아야 한다. 퇴직 후에 제2의 삶을 청렴하게 살아가기 위해서는 빼야 할 것과 더해야 할 것이 있다. 빼야 하는 것은 어깨의 힘(권력), 돈, 누렸던 특권들을 빼야 한다. 더해야 할 것은 지금까지 공들였던 공직자로서 명예다. 그리고 배려와 양보다. 그리고 사회적 기여이다. 돈을 더 벌려는 욕심을 버리고 그동안 공직자로서 살아왔던 지식을 이용하여 사회에 선한 영향력을 주는 사람으로 살아가는 것이다.

공직자로서 퇴직자로서 전 생애주기를 청렴으로 살아갈 때 돈도 명예도 가질 수 있고, 어쩌면 천하의 큰 장사를 할 수 있는 기회가 있을 때 당당하게 나설 수 있다.

Chapter 5

너나 청렴하세요

너나 청렴하세요!

2005년도에 이영애, 최민식 배우가 출연한 영화 〈친절한 금자씨〉에서 명언이 있다. '너나 잘하세요.'

'너나 잘하세요.'가 의미는 나는 잘하고 있으니 너나 잘하라는 것이다. 요즘 청렴에 대한 이야기를 하면 너나 잘하세요…. 너나 청렴하세요! 뉘앙스를 느낀다.

'너나 잘하세요.' 뜻에는 몇 가지 부정적인 의미가 들어 있다.
다른 사람의 행동을 조언하는 경우 **'너나 잘하세요.'**
자신의 문제를 외면하면서 타인을 비판하는 경우 **'너나 잘하세요.'**
상대방의 상황을 고려하지 않고 타인을 비판하는 경우 **'너나 잘하세요.'**
상대방의 의견을 무시하면서 자신의 주장만 내세우는 경우 **'너나 잘하세요.'**

청렴강사로서 공직자들에게 청렴하라고 강의를 하고, 사람들에게 청렴해야 한다고 매일매일 블로그 글을 올리며, 반칙, 변칙, 갑질, 불공정, 부패에 대한 뉴스를 보고 비판하고 있다. 이 불편한, 재미없는 청렴에 대해 다른 사람들에게 잘하라고 하고, 충고하고 비판하는 나에게 아마 어떤 사람들은 '너나 잘하세요.' 이렇게 말할 수 있을 것 같다.

그렇다. 청렴은 '너나 잘해야 한다.' 나도 너도 조언하고 비판하고 주장하는 사람도, 너나 잘하라고 말하는 사람도 잘해야 한다. 너나 모두가 잘해야 한다.

이 책의 제목은 너나 잘하세요!는 너 그리고 나 우리 모두 함께 잘하자는 이야기다. 너 + 나 = 우리 모두가 된다.

청렴은 너만 잘하고 나만 잘하면 청렴한 세상이 될 수 없다. 너와 내가 모두가 함께할 때 청렴한 세상이 된다.

너나 모두가 함께해서 청렴이 최고인 세상을 만들자!

1. 청렴감수성 높이기

나도 모르게 부패하지 않기 위해서는 청렴감수성을 높여야 한다. 청렴감수성이 낮으면 공과 사를 구별하지 못하고, 선물인지 뇌물인지 구별하지 못하고 부패를 하게 된다. 감수성이 낮은 공인들은 앞서 이야기한 특권과 관행과 갑질과 부패, 4대 리스크에 취약하다. 국민과 사회에서 부여한 권한을 남용한 특권을 사용하고, 자신의 지위와 영향력을 이용하여 불합리한 관행들을 그래도 되는 줄 알고 누리고, 나보다 낮거나 을이라고 생각하면 하대하고 갑질한다. 그리고 자신과 관계된 사적이해관계자들을 위한 부패행위를 한다.

지금 시대에서 감수성은 필수다. 감수성이 낮으면 함께 살아갈 수 없다. 성인지감수성, 인권감수성, 청렴감수성도 필수다. 청렴강의 시 청렴민감도, 청렴감수성을 높여 달라고 외치고 있다. 청렴 민감성은 청렴이 문제 되는 상황에서 어떤 행위가 가능한지 상상하는 능력을 말하며, 각각의 행동이 관련된 사람들에게 어떤 영향을 줄 수 있는지 결과를 예상할 수 있는 역량이다. 너무 포괄적이다. 챗GPT에게 청렴감수성에 대한 정의를 해 달라고 했더니 "윤리적 투명성과 공정한 행동에 대한 민감성, 도덕적이고 윤리적인 행동에 대한 민감성, 부패나 비윤리적인 행동을 피하려는 의지"라고 정의하였다. 늘 청렴이라는 개념을 찾아보면 거룩하고 관념적이고 뜬구름 잡는 이야기다.

공적인 역할을 하는 사람들이 나도 모르게 부패를 하지 않기 위한 청렴감수성이란 무엇일까?

청렴감수성이란?

먼저 감수성이란 아주 작은 자극에도 느끼고 반응하는 것이다. 청렴감수성도 아주 작은 상황에도 부패와 연루될 수 있는 것을 알아차리고 청렴하게 반응하는 것이다.

청렴감수성 정의

공직자가 부패에 연루되지 않기 위하여
지위와 직책으로부터 유래되는 사실상 영향력을 지각하고,
그 영향력에 의해서 발생하는
공직자 자신과 다른 사람들의 이해충돌 인식하고,
자신의 행동이
공정성에 어떠한 영향을 미칠지 상상해 보며,
이해충돌을 방지하고 공정한 직무수행을 하는 마음과 행동

청렴감수성 해설

① 공직자의 지위와 직책으로부터 유래되는 사실상 영향력 지각하기

부패는 공적인 지위와 직책으로부터 유래되는 영향력으로부터 시작된다. 공적인 지위에 있는 공인이 자신의 지위와 직책으로부터 유래되는 영향력 얼마나 넓고 깊고 그리고 미세하게 미치는지 알아야 한다. 대통령은 전 국민에게, 시장과 군수는 모든 시민과 군민에게, 공공기관장은 모든 직원과 직무관련 개인·법인·단체들에게, 기업의 회장은 기업 임직원 뿐만 아니라 물건을 만들고 팔고 소비하는 모든 이해관계자에게 영향력이 발생한다. 이뿐만 아니라 공인의 영향력은 조직과 사회의 분위기와 문화에도 영향을 미친다. 공인이 어떤 가치관과 태도를 가지고 있는지에 따라 조직원들과 국민들의 가치관과 태도도 변화할 수 있다. 고위공직자가, 기업의 경영자가 청렴하고 공정한 태도를 가지고 있으면 국민도 임직원들도 청렴하고 공정한 태도를 가지게 된다. 엄청난 영향력이다. 자신의 영향력을 모르거나 작게 생각하는 공인은 매우 위험한 사람이다. 아무 생각 없이 던진 돌에 개구리가 죽듯이, 자신의 영향력을 모르는 권력자가 아무 생각 없이 한 눈짓과 손짓이 누군가에게 갑질이 될 수 있고 이익과 불이익으로 연결될 수 있다. 이와 같이 공직자라는 지위와 직책으로부터 미치는 영향력을 아는 것이다.

② 그 영향력에 의해서 발생할 수 있는 다양한 이해충돌을 인식하기

공인의 영향력은 다양한 이해관계자들에게 이익과 불이익과 연결이 된다. 공인의 영향력 속에서 발생할 수 있는 이해충돌을 인식하는 것이다.

이해충돌을 인식하는 것은 공인 자신이 이해충돌을 느끼는 것은 당연한 것이요, 나와 관계된 다른 사람들이 나에 대해서 느끼는 이해충돌을 인식하는 것이 더 중요하다. 공인인 나에 대해 이해충돌을 느끼는 사람들은 누구일까? 앞서 알아보았던 내가 잘해 주고 싶은 사람들이다. 사랑하는 아내, 자녀, 가족, 친족, 친구, 동문, 함께 근무한 사람들이다. 여기에 더하여 이들이 운영하는 회사·법인·단체 등들도 이해관계에 민감하다. 뿐만 아니라 내 정치적 성향에 따라서도 많은 사람들은 이해관계를 계산하고 바라고 원한다. 왜냐하면 공적인 힘을 가진 나의 존재로 인해 이익이 될 것 같은 기대를 하기 때문이다. 반대로 누군가는 나의 존재로 인해서 불이익을 염려할 수 있다. 이와 같이 영향력에 의하여 발생할 수 있는 다양한 이해충돌을 느끼는 것이다.

③ 공직자의 행동이 공정성에 어떠한 영향을 미치는지 상상하기

이해충돌 상황 속에서 공인의 행동에 따라 어떤 일이 일어날지를 상상해 보는 것이다. 공인의 말투, 손짓, 눈짓 하나도 영향력으로 작용하여 많은 사람들의 이해충돌로 연결이 되어 희노애락이 된다. 공인이 생각 없이 언급한 그 사람, 손짓한 그 업체, 눈짓한 그 물건이 그 영향력으로 선택과 배제에 영향을 받게 된다. 내가 공직생활 중에 경험한 이야기다. 한번은 소속기관에서 최고의 권한을 가지고 있는 고위공직자가 방문해서 강당에서 전 직원들에게 교육하다가 갑자기 어느 직원의 이름을 부르고 나오라고 하더니 자신이 직원의 아버지와 절친이라고 하면서 수행원에게 기념품을 가져오라고 해서 기념품을 주고 격려하며 칭찬해 줬다. 이 행동은 어떠한 영향을 미쳤을까? 이 고위공직자의 말과 행동에 강의를 듣고 있던 많은 사람들과 관리자들에게 이해충돌을 유발시킨 것이다. 이후 다양한 공정성에 의혹과 행동을 가져오게 한다. 힘 있는 공인의 눈짓, 말 한마디가 '부패의 나비효과'를 낼 수 있다는 것을 상상해야 한다.

④ 이해충돌을 방지하고 공정하게 직무를 수행하기

공인의 자신의 영향력의 범위를 알고, 이해충돌을 인식하고, 행동이 어떠한 일이 발생할 수 있는지 상상해 보고, 마지막으로 그 영향력으로 인해 불공정한 일이 발생하지 않도록 이해충돌을 방지하는 것이다. 이해충돌방지는 이해충돌방지법에서 정하는 10가지의 액션을 신고, 제한, 금지를 하는 것이다. 이해충돌방지법에서 제시하는 10가지 액션은 최소한의 이해충돌방지다. 청렴감수성을 높이면 법의 기준을 넘어서 아주 작은 이해충돌에도 민감하게 알아차리고 어느 누군가가 보았을 때도 불공정의 의심조차도 일어나지 않도록 방지하고 공정한 직무를 수행하는 것이다.

청렴감수성이 높았던 홍주 목사 '유의' 일화

청렴한 사람은 이해충돌에 매우 민감하다. 조선시대 홍주 목사를 지낸 '유의'의 청렴감수성에 대한 이야기다. '유의'의 청렴감수성은 정약용 《목민심서》에 자세하게 나와 있다. '유의'는 홍주 목사로 있으면서 단 하나의 편지도 뜯어 보지 않았다고 한다. 이 편지들은 모두가 조정의 고관대작들이 보낸 것이었다. '정약용' 선생이 왜 열어 보지 않느냐고 물으니 조정에서 공문으로 보내면 될 것인데 사사로이 편지를 보내서 열어 보지 않았다고 했다고 한다. 바로 청렴감수성이 매우 높은 목민관이다.

'유의'가 목민관으로서 편지를 뜯어 보지 않은 상황을 청렴감수성을 적용해 봤다. '목민관으로서 자신의 지위와 직책으로부터 유래되는 사실상 영향력을 알고 있었다. 편지를 보낸 사람들과의 관계를 봤을 때 잘해 주고 싶은 마음의 이해충돌이 발생될 것을 인식한 것이다. 그리고 편지를 뜯어 보았을 때 공정한 직무수행에 어려움을 있을 것을 상상해 보며 이해충돌을 방지하기 위해 아예 편지를 뜯어 보지 않음으로써 이해충돌을 방지하여 자신의 공정성을 확보하고 부패를 차단시킨 것이다.'

공직자의 생명 '청렴감수성"

청렴감수성은 공직자의 생명이다. 감수성이 낮으면 하루아침에 모든 것을 잃을 수 있다. 돈도, 명예도, 권력도 모든 것을 다 잃는다. 요즘 세상은 감수성 세상이다. 과거에는 감수성이 없어도 살 수 있었다. 그냥 저 사람은 원래 그런 사람으로 취급받으면 됐다. 그런데 지금은 감수성이 낮으면 범죄자가 된다. 대법원 판결에서 "A 교수는 감수성이 다소 부족해서 범죄에 이르게 됐다."는 판결이 있다.

부패하지 않기 위해 청렴감수성을 높여야 한다. 청렴감수성이 부족하면 잘해 주고 싶은 마음이 앞서 사적이해관계자를 식별하지 못하고 다른 사람이 보았을 때 공정성의 의심할 수 있는 상황을 인식하지 못한다. 그리고 이해충돌을 방지하지 못하여 부패에 연루된다.

청렴감수성 있는 공인이 되기 위해서는 자신의 영향력을 지각하고 작은 이해충돌에도 민감하게 인식하고 이해충돌을 방지하여야 한다.

2. 세상을 바꾸는 청렴의 시간 15 (세바시 청렴)

　청렴한 세상이 되기 위해서는 너·나 청렴해야 한다. 나도, 너도, 공직자뿐만 아니라 모든 사람들이 자신이 역할과 위치에서 다양한 청렴의 가치를 알고 실천해야 한다. 음식을 만들어 파는 분들의 청렴은 어떻게 해야 할까?

　2019년 공직에 근무하면서 청렴교육전문강사가 되었다. 2021년 퇴직과 통시에 청렴강사로 공공기관과 기업에서 강의를 하던 중 한 번도 생각지 못한 이벤트 강의를 요청받았다. 음식을 만들어 파시는 한국외식업중앙회 민간 단체에서의 강의 요청을 받은 것이다.

세상을 바꾸는 청렴의 시간 15분

　한국외식업중앙회에서 주요 임원 및 전국의 지부장님들을 모시고 회의를 하는데 청렴교육을 받고 싶다는 것이었다. 당연히 할 수 있다 감사하다고 말씀드리고, 어떤 내용으로 몇 시간을 계획하고 있는지 물어봤는데… 한 번도 경험해 보지 못한 교육 내용과 시간을 요청하였다. 교육 내용은 음식을 만들어 파는 우리들이 알고 지켜야 하는 청렴에 관한 이야기를 해 달라, 강의 시간은 20분이라는 것이다. 지금까지 공공기관에서 청렴교육은 의무교육으로 2시간이고 짧아도 1시간 이상이다. 20분이라는 제한시간을 듣고 잠깐 멈칫했지만 하겠다는 답변을 드렸다. 그리고 며칠 동안을 '한 번도 청렴강의를 들어 보지 않으신 음식을 만들어서 파시는 소상공인이 알아야 하는 청렴이야기, 20분 내.'라는 제한사항을 가지고 고민했다. 이분들에게 어떤 청렴교육을 해야 할까? 그러던 중 CBS 방송국에서 하는 '세바시 강의'를 보고 무릎을 쳤다. 컨셉은 '세바시 15', 〈세상을 바꾸는 시간 15분〉 강의 콘셉트로 하기로 했다.

   제목도 '세상을 바꾸는 청렴의 시간'으로 정하고 음식을 만들어 파시는 분들의 청렴이야기를 준비했다. 앞에서 설명했던 청렴 6대 덕목인 정직, 공정, 절제, 배려, 약속, 책임에 대한 가치를 음식을 만들어 파시는 이분들과 연결하는 준비를 하였다.
   강의 슬라이드도 TV 세바시 강연처럼 강사의 멘트와 함께 글자와 그림이 배경에서 나오도록 준비를 하여 음식을 만들어 파시는 분들이 세상을 청렴하게 바꾸는 시간의 강의를 하였다.

   강의 시작 전에 청렴강사에 주목하는 눈빛이 호기심이 가득하셨다. 난생처음 받아보는 청렴교육, 음식을 만들어 파는 우리에게 청렴이란 무엇일까! 기대하는 마음도 느껴졌다. 과연 이분들이 세상을 청렴하게 바꾸게 하는 '청렴'은 무엇일까? 강의를 시작했다.

강의 시작은 당연히, 세바시 강의처럼 '안녕하세요. 세상을 바꾸는 청렴의 시간 김효광 강사입니다.' 반응이 없다. 방송에서 세바시 강의할 때는 환호와 함께 환영의 박수를 쳐 주시는데… 혹시, 세바시 못 보셨는지 여쭤 보니, 몇 분이 알아차리시고 박수와 환호를 보내 주신다. 감사의 말씀을 드리면서 강의를 시작했다.

음식을 만들어 파시는 소상공인의 6가지 청렴이야기

음식을 만들어 파시는 여러분의 청렴은 무엇일까요? 벌써 알아차리시는 분이 있었다. 속이지 않는 거요! 그렇습니다. 여러분들의 **첫 번째 청렴은 '정직한 음식'을 만드시는 것입니다.** 음식에는 국민의 건강과 생명으로부터 행복까지 포함되어 있습니다. 그런데 건강을 침해하는 정직하지 못한 음식을 만들어 파시는 사건들이 가끔 발생합니다. 원산지 표시 몇 글자만 바꾸면 몇 배의 이익을 낼 수 있는 유혹 속에서도 정직한 음식을 만들어 주시는 것이 여러분의 첫 번째 청렴입니다.

두 번째 청렴은 '공정한 가격'입니다. 요즘 SNS 시대 모든 가격은 공유가 됩니다. 지방 축제에 가서 구입한 터무니없는 음식과 가격 논란들이 수시로 올라오기도 합니다. 한번은 〈1박 2일〉에서 방영된 7만 원짜리 옛날 과자 논란이 있었는데, 주목할 만한 이슈였습니다. 1~2만 원의 옛날 과자를 〈1박 2일〉 출연진에게 7만 원으로 파는 장면입니다. 이 방송을 본 시청자들이 난리가 납니다. 바가지라고. 그리고 축제를 했던 기관에 항의를 합니다. 결국 기관에서 사과를 했는데, 바로 옛날 과자를 팔았던 그 상인도

SNS에 죄송하다고 사과를 하게 됩니다. 이분들은 지방 축제에 다니시면서 팔고 떠나면 끝입니다. 그런데 왜 사과를 했을까요? 그 이유는 다 연결이 되어 있기 때문입니다. 1인 사업자도 이제는 모두가 SNS로 연결연결이 되어 있어서 공정하지 못한 가격으로 음식을 만들어 팔면 망할 수 있기 때문입니다.

세 번째 실천할 청렴은 '절제된 음식'입니다. 모든 것이 그렇듯이 음식도 과하면 독이 됩니다. 가끔 언론에 사람들이 먹으면 안 되는 재료가 첨가된 건강을 해치는 음식을 만들어 파는 상인들이 있습니다. 맛있으라고 입맛을 유혹하기 위해 들어가면 안 되는, 과도한 양념과 해로운 첨가제를 넣지 않는 절제된 음식을 만드셔야 합니다.

네 번째 청렴은 '배려하는 음식'입니다. 음식도 팔지만 더불어 마음도 팔 수 있는 여러분이 되시면 좋겠습니다. 배려하는 음식은 여러분을 대박 나게 합니다. 코로나 시기에 있었던 이야기입니다. 혼자 육아를 하는 아빠가 있었습니다. 어린 딸이 생일날 피자가 먹고 싶다고 하는데 통장에 잔고 571원밖에 없어 고민하다가 배달 주문을 하면서 사정을 이야기 하고 월급을 타면 갚겠다고 외상을 부탁합니다. 주문서 글을 본 피자가게 사장님은 공짜로 피자를 배달해 줍니다. 피자 박스에 "부담 갖지 마시고 또 따님이 피자 먹고 싶다고 하면 언제든지 연락 주세요." 정말 훈훈한 마음을 느낍니다. 이 소식이 전해지자 네티즌들이 돈쭐을 내 주겠다며 피자가게 주문이 줄을 서서 대박을 나게 해 주었다고 합니다.

이렇게 배려하는 음식을 만드시면 대박이 됩니다.

다섯 번째, 여러분이 실천할 청렴은 **'소비자와 약속'입니다.** 여러분이 정직하고 건강한 음식과 함께 공정한 가격의 음식이라는 약속입니다. 소비자는 여기에 더해 사장님들이 게시한 사진을 보고 주문을 합니다. 이에 대한 약속을 지키는 것입니다.

마지막 여섯 번째 청렴은 '책임지는 음식'입니다. 만든 음식에 대해 책임을 지는 것입니다. 먹는 사람의 건강도, 생명도, 맛도, 가격도 책임을 지는 것입니다. 또한 음식을 만들다 실수를 할 때가 있을 수도 있습니다. 이럴 때 빨리, 진정성 있게 사과하고 조치하는 것입니다.

청렴해서 대박 나는 세상

음식을 만들어 파시는 여러분들에게 오늘 여러분들이 만들어 나갈 여섯 가지 청렴에 대해 알아보았습니다. 청렴의 실천은 공직자나 높은 사람들에게만 있는 것이 아닙니다. 음식을 만들어 파시는 여러분도, 세상의 누구도 자신이 위치한 역할과 위치와 환경 속에서 다양한 청렴의 가치를 느끼며 청렴을 실천해야 합니다.

정직하고 공정하고 절제하고 배려하고 약속하고 책임을 지는 음식을 만들어 대박 나시기 바랍니다.

이렇게 강의를 마쳤다. 모든 분들이 청렴을 알았다고 박수를 보내 주셨다. 한 번도 경험해 보지 못한 민간단체인 한국외식업중앙회의 청렴교육을 의뢰받고 준비하면서 청렴의 가치를 더 확장할 수 있었다. 지금까지 공직자만 청렴하면 된다는 생각을 넘어서 누구나 각자의 역할과 위치 속에서 다양한 청렴의 가치가 있다는 것을 알고 실천해야 한다. 이제 공직자들에게만 청렴교육이 아닌 국민 모두에게 청렴의 가치를 전달할 수 있는 강사가 되는 꿈을 소망해 본다.

3. 싸가지 있는 청렴한 사람

'싸가지 없다.'라는 말이 있다. 싸가지는 싹수의 방언으로, '사람의 타고난 본성이나 성품'을 뜻하는 단어다. '싸가지가 없다'라는 표현은 주로 버릇없는 말이나 행동을 하거나, 상식과 순리에 어긋나는 행동을 할 때 불쾌감을 담아 하는 말이다.

싸가지가 없는 사람은 부패를 좋아하는 짐승이다. 반대로 싸가지가 있는 사람은 청렴한 사람이다.
싸가지가 무엇인데 싸가지가 있으면 청렴하고 싸가지가 없으면 짐승이라고 할까?

싸가지가 없으면 놈은 짐승이다

맹자의 공손추편(公孫丑篇)에서 사람의 본성에서 우러나는 네 가지 마음씨를 4단(四端)이라고 하여 인(仁), 의(義), 예(禮), 지(智)의 四가지를 말했다. 불쌍히 여기는 측은지심(惻隱之心), 잘못을 부끄러워하는 수오지심(羞惡之心), 겸손하게 사양하는 사양지심(辭讓之心), 옳고 그름을 판단하는 시비지심(是非之心). 이 四가지(싸가지)가 없으면 사람이 아니라 짐승이라고 맹자는 말했다.

또한 조선 건립 시 유교 사상을 조선 경영의 기본이념으로 '인(仁), 의(義), 예(禮), 지(智), 신(信)' 오상(五常)이라 하여 인간이 갖춰야 할 다섯 가지 기본 덕목을 강조했다. 이 중 "인, 의, 예, 지 4가지가 없는 사람은 '사(四) 가지 없는 놈'이라 했고 이것이 변하여 '싸가지 없는 놈'이라는 말이 생겼다고 한다.

청렴한 사람은 싸가지가 있다

싸가지가 있으면 왜 청렴한 사람일까? 알아본다.

① 첫 번째 청렴한 싸가지는 인(仁)이다

인(仁)은 측은지심(惻隱之心)으로 불쌍한 것을 보면 가엾게 여겨 정을 나누고자 하는 마음이다. 청렴감수성에 대해 앞서 정의를 했었다. 청렴감수성은 나의 행위로 인해 이익과 불이익을 받는 사람에 대해 민감하게 알아차리는 것이다. 감수성이 없는 사람은 부패로 인해서 상처받고 불이익을 받고 모든 것을 잃고 고통스러워할 사람들을 느끼지 못한다. 오로지 자신의 이익을 위해서 다른 사람들은 희생양을 만들고 짓밟는다. 첫 번째 싸가지는 인(仁)이 있어 나와 연결된 다른 사람들의 처지를 생각할 줄 아는 사람은 청렴한 사람이다.

② 두 번째 청렴한 싸가지는 의(義)다

의(義)는 수오지심(羞惡之心)으로 불의를 부끄러워하고 악한 것은 미워하는 마음이다. 우리가 청렴하기 위해서는 반칙하고 변칙하고 사익을 탐하는 부패행위를 미워하고 부끄러워해야 한다. 정치인이나 고위공직자들이 접대를 받고, 금품을 수수하고, 뇌물을 받은 것이 뉴스에 나오고 구체적으로 알려지지만 부끄러워하지 않는다. 법을 위반하지 않았다고 한다. 한 점 부끄러움이 없이 떳떳하다고 한다. 정말 보는 국민이 부끄러운 마음이 든다. 두 번째 싸가지는 의(義)가 있어 자신의 말과 행동에 티끌만한 잘못에도 부끄러울 줄 아는 청렴한 사람이다.

③ 세 번째 청렴한 싸가지는 예(禮)다

예(禮)는 사양지심(辭讓之心)으로 자신을 낮추고 겸손해하며 남을 위해 사양하고 배려할 줄 아는 마음이다. 앞서 공인의 네 가지 리스크에 대해 말했던 것과 같이 공인이 되어 올라가면 올라갈수록 권력에 비례하면서 나도 모르게 특권과 관행을 누리고, 갑질을 하고 부패와 연루가 될 수 있다. 나도 공직생활을 하면서 작은 지위 속에서도 위 4가지의 유혹을 많이 느꼈었다. 그때 이 유혹으로부터 나를 지키기 위해 매일 아침 출근 전에 기도를 하고 출근했다. 오늘도 낮은 마음, 낮은 자세로 겸손하게 직무를 수행하게 해 달라고 기도를 했다. 그런데 오전이 지나고 점심을 먹고 오후가 되고 시간이 지나면서 나의 어깨는 언젠가부터 뽕이 들어가 있고 '내가 할 것을 을인 사람들이 해 주고', '내 것으로 할 것을 을인 사람 것으로 하는' 나쁜 특권과 갑질 행위를 관행으로 하고 있는 나 스스로를 느끼며 깜짝 놀랐다. 낮은 마음 낮은 자세가 아닌, 높은 마음 높은 자세로 대접을 받고 받지 말아야 할 특권과 관행을 누리고 있었던 것이다. 그때 나는 권력으로부터 발생하는 속성이 얼마나 무서운지 알았다. 겸손하지 않은 권력자는 언젠가 자신도 모르게 한 방에 간다. 후회한들 소용이 없다. 그래서 세 번째 싸가지는 예(禮)가 있어 우쭐대거나 잘난 체하지 않고 나대지 않는 자신을 낮추고 겸손하고 배려할 줄 아는 사람이 청렴한 사람이다.

④ 청렴한 싸가지는 지(智)다

지(智)는 시비지심(是非之心)으로 옳고 그름을 가릴 줄 아는 마음이다. 공직자가 청렴하기 위해서는 공과 사를 구별하고 객관적으로 볼 수 있는 지식과 지혜가 있어야 한다. 공직자로서 다양한 이해충돌 속에서 공과 사를 분별할 수 있는 지혜가 있어야 한다. 그리고 옳고 그름을 분별할 수 있는 지식이 있어야 한다. 앞에서 법을 모르면 나도 부패할 수 있다는 설명을 하였다. 옳고 그름을 가려야 하는데 법을 모르면 옳고 그름을 판단하기 힘들고, 자칫 선량한 마음으로 행한 것이 옳지 않은 결과를 가져올 수 있다. 그래서 법 없이도 살 수 있는 선량한 마음과 더불어 옳고 그름을 판단할 수 있는 반부패 법령에 대한 지식이 필요하다. 네 번째 싸가지는 지(智)가 있어 옳고 그름을 알고 지키는 지혜와 지식이 있는 청렴한 사람이다.

싸가지를 연결해 주는 신뢰

이 청렴한 싸가지의 중심에는 신(信)이 있어야 한다. 믿음이 없으면 이 싸가지는 서로 연결이 안 되고 끊어져서 모든 마음을 허물어 버리게 된다. 청렴은 이 싸가지를 가지고 믿음을 만들어 나가는 것이다. 사람과 사람 간에 측은지심을 가지고 잘 못을 부끄러워하며, 권력이 있지만 사양지심으로 겸손하게 옳고 그름을 판단하는 믿음을 만들어 내는 것이다. 이 믿음이 있을 때 우리는 서로서로 정직하고 공정하고 절제하고 배려하며 약속과 책임을 지는 청렴한 사회가 될 수 있다.

짐승이 아닌 사람으로 살아가기 위해 우리는 늘 싸가지를 살펴야 한다. 너와 나 모두가 불쌍히 여기는 측은지심(惻隱之心), 잘못을 부끄러워하는 수오지심(羞惡之心), 겸손하게 자신을 낮추는 사양지심(辭讓之心), 옳고 그름을 판단하는 시비지심(是非之心)이 있는지 살피는 사람과 사회, 그리고 싸가지에 대해 신뢰하는 사회를 소망한다.

싸(四)가지있는 청렴한 사람이 되자!

4. 인정머리 없는 놈에서 인정머리 있는 사람 되기

나는 인정머리 없는 사람이었다. 나는 가족들로부터도 인정머리 없는 놈이었고, 친구들로부터도 인정머리 없는 놈이었다. 아마, 누군가에게는 인정머리를 넘어 피도 눈물도 없는 놈일지도 모르겠다.

인정머리란? '인정(人情)'에다 접미사 머리를 붙여서 사람으로서 정이 없다는 것을 속되고 부정적으로 표현을 하기 위한 단어다. 인정머리 없다는 것은 사람으로서 정이 없다. 남을 동정하는 따뜻한 마음이 없다는 표현을 인정머리 없다고 한다. 이 외에도 '머리'가 없는 사람들이 있다. 소갈머리 없는 놈, 주변머리 없는 놈, 정신머리 없는 놈, 싹수머리, 아갈머리, 대갈머리 등 모두 부정한 말이다.

인정머리 없는 사람의 뜻을 더 살펴보니 다른 사람의 감정이나 상황을 고려하지 않고 자신의 이익만 추구하는 사람이라고 한다. 그래서 다른 사람에게 상처를 주거나 피해를 줄 수 있고, 인간관계를 유지하는 데 어려울 수 있다고 한다.

인정머리 없는 놈

　나는 공직자로 살아오면서 늘 인정머리가 없었던 것 같다. 늘 나에게 부탁한 것에 대해 그 사람의 마음을 이해는 했으나 들어주지 못해서 인정머리 없는 놈이 되었다. 앞서 동생이 군생활간 첫 면회 사건이 있었을 때도 나는 어머니로부터 인정머리 없는 놈, 더해서 피도 눈물도 없는 놈이라는 말을 들었다. 또 처가의 처남이 군생활간에도 인정머리 없는 놈이 되었다. 친구들로부터도 인정머리 없는 놈으로 소문이 나 있다. 다른 아는 공직자들은 다 들어주고 알아봐 주고 해 주고 한다는데 친한 친구라고 생각해서 부탁했는데 안 알아봐 주고, 안 해 주고, 안 된다고 한다고 인정머리 없는 놈이 되었다.

　한번은 내가 거절할 수 없는, NO!라고 말할 수 없는 친분이 있는 지인으로부터 오랜만에 전화가 왔다. 안부를 전하고 지금 어디서 무엇으로 근무하는지에 대해 물어보며 지인이 아는 사람의 아들이 군생활간 사고를 쳤다고 한다. 현재 조사를 하고 있는데 어떻게 되고 있는지 알아봐 달라. 처벌받지 않도록 해 달라 등 부탁을 하였다. 내가 할 수도 있는 권한도 없었고, 영향력을 이용한 해서도 안 되는 부탁이었다. 그러나 안 된다고 거절을 하지 못하고 예~ 예~ 예 하며 전화를 끊었다. 전화를 끊고 마음이 불편해지기 시작했다. 부탁을 받은 병사가 근무하는 부대를 기관의 내부 홈페이지에서 확인해 보니 그 부대에 함께 근무하고, 공부했던 알고 지내는 친분이 있는 지인들이 있었다. 전화를 한번 해 볼까 하는 마음도 약간 있었지만 내키지 않았다. 내가 불편한 전화를 받고 이 불편을 다른 사람에게 주는 것이 너무 불편했기 때문이다. 하루, 이틀이 지나고 어떻게 됐냐고 전화가 곧 올 것만 같았다. 전화를 받고 이틀간 마음이 계속 무겁고 잠도 오지 않았다. 3일째 전화는 못 하겠고 장문의 문자를 보냈다. '죄송합니다. 부탁을 받았는데 생각하시는 것만큼 제가 할 수 있는 게 없습니다. 만약 한다면 부당한 영향력으로 그 친구는 더 어려움을 당할 수도 있습니다. 부탁한 부모님 마음은 이해가 되지만 저의 행동이 부당한 영향력이 될 수 있어 어떤 것도 해 드릴 수 없음에 죄송합니다.' 등 장문의 문자를 드렸다. 그분의 답장은 고맙다. 끝이다. 이 후 지금까지 오랜 시간이 흘렀지만 서로 연락이 끊겼다. 아마 그분에게 나는 인정머리 없는 놈이 되어 있을 것이다.

인정머리 있는 나

그런데 나는 사실 인정이 많다. 나에게 그런 부탁을 하면 며칠을 잠을 못 잔다. 그 부모님이 오죽하면 아는 사람을 두 다리를 건너 나한테 전화를 했을까. 그 처지를 이해하고 공감한다. 내가 부탁을 들어주지 못했을 때 부탁한 사람들에게 미안함과 앞으로 어떻게 그들과 관계에 대한 걱정으로 힘들어한다. 사람의 정, 인정 때문에 힘들어한다. 우리 5남매 형제 중에서도 내가 눈물이 가장 많다. 내가 외박을 못 나가게 해서 나를 미워했던 동생은 지금은 러시아에서 국내 대기업의 해외법인장으로 근무하고 있는데 통화를 할 때마다 눈물이 나고 운다. 1년에 한 번도 못 보고 코로나 시기에는 2년을 넘게 보지 못했다. 명절에 모든 형제들이 만나면 동생과 조카들이 없어서 화상통화를 하면서 운다. 형제들이 나를 울보라고 한다. 누나가 앞으로 모임에서 울면 벌금을 내는 규칙을 만들었다.

이렇게 나는 동생과 형님과 다른 사람들이 마음을 이해하고 공감하고 들어주지 못하는 것이 아프다. 그런데 인정머리 없는 사람이 되었다. 지난날 공직에 있을 때 나에게 부탁했던 사람들 중에는 인연이 끊어진 사람들도 있다. 그들에게는 영원히 인정머리 없는 놈으로 남아 있을 것이다.

그러나 이제 나는, 공직자로 부패에 대해 인정머리 없는 삶을 살아왔던 내가 자랑스럽다. 인정머리가 없어서 공직생활 30년은 무사하게 마쳤고, 이제는 세상 사람들에게 좋은 가치를 전하는 청렴강사, 인권강사, 적극행정강사로 행복하게 살아가고 있다.

최고의 인정은 청렴하게 살아가도록 안내하는 것

사람은 인정머리가 있어야 한다. 당연히 공인도 사람이기 때문에 인정머리가 있어야 한다. 그런데 공인은 인정머리가 있을 때와 없을 때를 구별하여야 한다. 공과 사를 구분하여 인정머리가 있어야 한다. 공인의 자신의 지위와 직책과 그 영향력과 아무 관련 없는 사적인 범위에서의 인정머리는 얼마든지 있어야 한다. 사랑하는 사람들을 위해서 밥도 사 주고, 여행도 함께하고 부탁도 들어주고 인정머리 있는 사람이 되어야 한다. 그러나 공인 자신의 지위와 그 영향력과 관련 있는 공적인 일에는 인정머리가 없는 사람이 되어야 한다. 이때 인정머리가 있으면 인정머리가 아닌 부정(부패)머리 있는 사람이 될 수 있기 때문이다.

아마 지금도 많은 사람들은 사적인 관계에서 인정머리와 공인으로서 인정머리로 고민을 하고 있을 것 같다. 인정머리가 많은 사람으로 살아가되, 공적으로는 인정(부패)머리가 없는 청렴한 사람으로 살아가길 권해 본다.

진짜 인정머리 없는 사람은 사랑하는 사람들을 부패하게 만드는 나쁜 사람들이다.

진짜 인정머리 있는 사람

진짜 국민에게 인정머리 있는 사람은 국민이 믿고 위임해 준 권한을 청렴하고 공정하게 사용하는 것이 최고의 인정머리다. 또한, 사랑하는 사람들에게 최고의 인정머리는 반칙과 불공정과 부패 속에서 살게 하지 않고 공정하고 떳떳하게 살아갈 수 있도록 해 주는 것이다.

사랑하는 사람들에게
최고의 인정머리는
청렴하게 살아가도록 해주는 것

5. 청렴의 봄은 오는가 (권력 남용 하지 않기)

'청렴의 봄'은 오고 있는가? 얼마 전에 〈서울의 봄〉 영화를 봤다. 2023년 12월 12일, 군사반란이 일어났던 그 시기에 맞추어 개봉된 〈서울의 봄〉이 2024년 2월 3일 기준 1,300만 관객을 넘었다. 이 영화를 보면서 군인으로 살아왔던 나는 다양한 감정이 교차했다.

첫 번째는 창피함, 부끄러움이다. 군인으로 삶에 자부심과 긍지를 가지고 살았다. 매일 매일 군인으로서 국민을 위해 충성하고 복종하겠다는 복무신조를 외치고 다짐하며 하루하루를 시작하고 마무리했다.

"우리는 국가와 국민에 충성을 다하는 대한민국 육군이다.

하나. 우리는 자유민주주의를 수호하며 조국통일의 역군이 된다.

둘. 우리는 실전과 같은 훈련으로 지상전의 승리자가 된다.

셋. 우리는 법규를 준수하고 상관의 명령에 **(절대)**복종한다.

넷. 우리는 명예와 신의를 지키며 전우애로 굳게 단결한다."

〈서울의 봄〉 영화를 보면서 매일매일 다짐했던 국민에 충성과 자유민주주의 수호와 법규 준수와 명예로운 군인으로 살아왔다는 나의 삶에 불편함이 생겼다. 내가 군생활 속에서 충성했던 사람들 중에는 〈서울의 봄〉 영화에서 쿠데타로 권력을 잡고 승진을 하여 군을 지휘했던 사람들도 있었다. 내가 충성하며 살았던 시간들이 자유민주주의를 수호하고 법규를 준수를 하며 살았는지에 대한 의문이 들었다. 그리고 지금까지 살아온 군에서의 명예는 유효한 것인가 다시 생각했다. 지금까지 복무신조를 암기하며 다짐하고 살았지만 나의 군생활 삶은 국민에 충성이 아닌 나보다 한 단계, 두 단계, 세 단계, 영향력을 미치는 권력에 대한 충성이었다. 오로지 상관의 명령에 복종하며 살아왔다. 군인으로서 헌법에 나와 있는 국민이 군인에게 준 권리와 의무도 알지 못하고, 권리를 사용하는 데 있어서도 어떻게 사용하는지 몰랐다. 그냥 충성을 다하면 되는 군생활을 했다. 상관의 명령은 법보다 더 무서웠고 절대적이었다. 위법한 명령인지 아닌지는 중요하지 않았다. 생각하고 따지지 않고 잘 따르는 것이 군인의 사명으로 살아온 군인이었다.

두 번째 나도 자유롭지 못하다는 것이다. 군인의 삶을 살아왔던 삶 속에서 나도 가졌던 작은 권력을 이용하여 더 많은 큰 권력을 가지려 저렇게 하지 않았을까에 대한 생각이다. 쿠데타와 같은 반역은 아니지만 나의 이익을 위한 권력을 사용하지 않았는지에 대한 반성이었다. 앞에서 설명한 것과 같이 공직자행동강령을 처음 알았을 때와 같은 충격이다. 충성을 다해 만들어진 계급과 직책의 영향력을 이용하여 부당했던 말과 언행들이다.

세 번째는 나와 함께했던 사람들에 대한 미안함이다. 이 미안함은 군생활 속에서도 늘 있었다. 좀 더 잘해 주지 못한 미안함이었다. 군생활을 마치면서는 미안함을 넘어서 내가 잘 못했구나라는 생각을 하게 되었다. 청렴교육강사가 되면서 나의 지위와 직책 속에서 했던 부패와 갑질을 알았고, 인권강사가 되면서 내가 했던 인권침해를 알았다. 국가인권위원회 인권교육전문강사 양성과정에서 인권을 알게 되면서 인권에 대한 거부감 속에 인권을 이해하는 데 오랜 시간이 걸렸다. 왜냐하면, 내가 살아온 군생활 30년 속에서 내가 인권 침해자였고, 침해하는 행위의 방관자였고, 묵인자였고 동조자였다. 또 내가 인권침해를 당했지만 그것도 당연하다고 생각했기 때문이다. 인권을 알게 되면서 나와 함께했던 사람들(예전에는 부하라고 했다, 그런데 부하가 아닌 동료였다.)에 대한 미안함과 고마움으로 살아간다. 청렴과 인권강의로 부대를 방문할 때도 있다. 이때 과거 함께했던 사람들을 만나면 미안하다.

청렴의 봄을 기대하며

〈서울의 봄〉은 너무 늦게 왔다. 지금도 나는 우리 군에서 〈서울의 봄〉과 같은 사건들이 일어나지 않을까 걱정이 된다. 군인들은 물론, 권력을 가지고 있는 모든 사람들은 〈서울의 봄〉을 보면서 절실하게 느껴야 한다. 위임된 권력이 어떻게 잘 못 사용될 수 있는지 알아야 한다.

국민은 헌법 10조에서 국민은 인간으로서 존엄과 가치를 가지고 행복하게 살아갈 수 있도록 해 달라고 국가에게 권력(권한)을 주었다. 그리고 국가는 국민 개개인이 가지는 누구도 침해할 수 없는 존엄할 수 있는 권리와 행복할 수 있는 권리를 확인하고 보장하는 데 권력을 사용하라고 명령하였다.

국민이 국가(공무원, 공직자 등)에게 권력을 준 것이다. 군인에게는 안전보장과 국토방위를 위한 권력을 준 것이다. 국회의원들에게 법을 만들어서, 행정부에서는 법을 집행해서, 사법부에서는 위법한 행위를 가려내서 국민을 행복하게 살아갈 수 있도록 권력을 준 것이다.

이 권력은 오로지 국가의 안전보장과 질서유지, 공공복리, 국민을 위해서만 사용하여야 한다. 그런데 이 권력(지배하고 복종시키는 힘)을 사적이익을 위해서 사용한 것이 〈서울의 봄〉에서 군부의 쿠테타와 광주민주항쟁에서 수많은 사람들을 죽이는 국민의 생명을 침해하는 행위를 저지른 것이다. 국민이 준 권력을 자신들의 사적이익을 위해서 사용한 것이다.

우리는 〈서울의 봄〉 영화를 보면서 잘못된 일부 군인에 대한 분노와 더불어 군인이 아닌 일반 공직자들의 권력의 남용에 대해서도 민감하게 바라보고, 권력남용과 나쁜 관행과 갑질과 부패에 분노해야 한다.

〈서울의 봄〉은 너무 늦게 왔다. 그때 그 사건 후 45년 만에 영화로 왔다.

'청렴의 봄'은 오고 있는가? 오고 있다. '청렴의 봄'도 지금 이 글을 읽는 독자들과 함께 오고, 부패한 뉴스를 보면서 오고, 생활 속에서 청렴의 가치를 느끼면서 오고 있다. 너와 나 함께 청렴할 때 더 빨리 올 것이다.

모든 사람이 행복할 수 있는 '청렴의 봄'도 너무 늦지 않게 오면 좋겠다.

서울의 봄 영화를 본 2024년 2월 어느 날

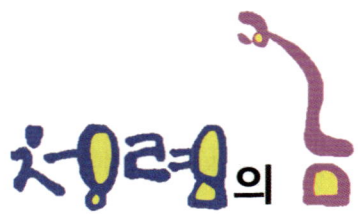

6. 청렴의 봄을 기대했는데 '서울의 봄'이 다시 왔다

청렴의 봄은 오는가(권력남용 하지 않기)라는 글을 써 놓고 1년이 지나는 가운데 우려했던 일이 또 일어났다. 청렴의 봄이 오고 있을 거라 믿었는데 과거의 '서울의 봄'이 재현이 되었다. '청렴의 봄'이 오기 이토록 어렵단 말인가. 어렵다.

서울의 봄을 다시 맞이하고 있는 이유

왜냐하면, 이 책에서 계속 말하고 경고하고 우려했던 것들에 대해 인식을 하지 않기 때문이다. 권력의 리스크 '특권', '관행', '갑질', '부패'라는 것이다. 권력자가 가지고 있는 권력에 대한 두려움이 없기에 우리는 역사 속에서 또 지금도 이 권력으로 인해서 고통을 당하고 있다.

4가지 리스크에 더 민감해야 하는 사람들이 있다. 공직자 중에서 제복을 입은 사람들이다. 제복을 입은 사람들 중에는 더 특별한 권한(특권)을 가지고 있는 사람들이다. 1779년 12월〈서울의 봄〉에서도, 2024년 12월의

계엄사태에서도 등장하는 사람들 군인과 경찰이다. 군인과 경찰은 공직자 중에서 가장 큰 특권과 권한을 가지고 있다. 경찰은 공공의 질서와 치안을 위해서 사람들을 검문하고 수색하고 수갑을 채우고 구속하며 감옥에 갈 수 있게 할 수 있는 권한을 가지고 있다. 군인은 경찰보다 더 큰 권한이 있다. 전시에는 적으로 간주 되는 사람을 사살할 수 있는 권한을 가지고 있는 사람이다. 이 큰 권한이 있기에 제복 입은 공직자들은 자신들의 권한을 명확히 알고 신중하게 권한을 사용해야 한다.

그러나 제복 입은 사람들은 권한을 사용하는 방법에 대해서는 매일 연구하고 훈련하고 있지만, 헌법에서 정하는 권한의 사용 목적과 필요한 경우, 법률로써 사용해야 한다는 목적과 방법에 대해서는 학습하지 않았다. 군은 싸우는 방법은 가르치고 훈련하지만 우리가 왜 싸워야 하는지에 대한 고민과 이유는 없었다. 오로지 수단과 방법을 가리지 않고 싸워서 이기는 방법만이 강한 군대가 된 것이다. 이렇게 고민과 이유를 모르는 군대가 이러한 사태에 자꾸 연루가 되는 것이다.

그래서 이제 군도 경찰도, 공직자들은 사유를 해야 한다. 이제 사유를 하지 않으면 국민이 위임해 준 권력(권한)을 남용하게 된다. 사유(생각)하지 않으면 죄가 될 수 있다.

'서울의 봄'을 영화로 실제 사건으로 보면서 나도 그럴 수 있겠다는 생각을 해 봤다. 이유는 생각하지(사유하지) 않기 때문이다. 나의 군생활을 되돌려 생각해 보니 나도 그렇게 살았었다. 나는 요즘 정국을 보면서 사유하지 않는 우리 군의 모습을 보고 있다. 이 모습들은 새삼스럽지 않다. 과거 군생활 속에서 사유할 수 없었고 사유하지 않았던 나와 군인들의 익숙한 모습이다. 국민과 나라를 위해 군을 위해 조직을 위해 지배하고 복종해야 하는 구조 속에서 사유하는 군인은 낙오자이자 무능한 군인이었다. "생각을 하지 마라.", "시키는 대로 하라.", "명령대로만 하라.", "까라면 까라.", "상관의 의도를 명찰하라.", "안 되면 되게 하라." 군에서 사용하는 말들이다. 지난날 군대에서는 이렇게 사유를 하지 못하게 했고 사유하지 않았던 그 결과가 작금의 사태에서 오랜 군생활을 하고 있는 군인들의 모습으로 투영되고 있다. 연일 청문회에서 군에 대한 질타는 사유하지 않은 군의 결과다. 사유하는 군이 되어야 한다. 왜 군인이 되었는지? 군인의 본질이 무엇인지? 왜 지시하고 복종해야 하는지? 왜 싸워 이겨야 하는지? 옳고 그름이 무엇인지? 이제 군도 사유와 수양을 통해 군인의 삶을 살아야 한다.

사유하지 않으면 죄가 된다

사유하지 않으면 자신과 조직과 국민을 지킬 수 없다. "사유하지 않은 '아돌프 아이히만'"의 죄가 얼마나 컸는지 사유해야 한다. 나치 독일에서 유대인 학살전문가였던 아돌프 아이히만, 상급자의 직접 지시를 받고 6백만 명의 유대인 학살의 실무 총책임자 위치에 있었던 인물이다. 물론 최고 책임자는 히틀러였지만, 그 실무를 책임지고 관할하며 집행한 건 아이히만이었다. 히틀러와 함께 실질적인 홀로코스트의 주동자라고 봐도 무방한 인물이다.

전쟁 후 남미로 도주하였으나 가족의 누설로 이스라엘 요원들에게 체포되었고, 1962년 5월 31일 이스라엘에서 교수형이 집행되었다. 이 재판에서 아이히만은 "우리는 공무원이며 국가를 위한 행위일 뿐이다.", "나는 권한이 거의 없는 '배달부'에 불과했다. 나는 아무것도 한 것이 없다. 크건 작건 '아돌프 히틀러'나 그 외 어떤 상급자의 지시에 아무것도 덧붙이지 않고 성실히 임무를 수행했을 뿐."이라고 증언했다. 그저 상급자의 명령을 따른 것뿐이며, 대량학살에 대한 관여는 자신의 직접적 의지가 아니었다고 항변했다. 즉, 본인은 단지 상급자의 명령을 따랐을 뿐이라는 것이다.

> "전 지시대로 했습니다. 명령을 따라야 했죠. 그 사람들이 죽든 말든 명령은 수행해야 합니다. 행정적인 절차니까요. 그 가운데 일부를 제가 맡은 것뿐입니다. 저는 무죄입니다. 전 유대인을 죽이지 않았습니다."
>
> – 아돌프 아이히만 –

그러나 하우즈네르 검사는 이와 같이 모르쇠로만 일관하는 아이히만에게 "명령이 잘못되고 불법적인 경우에는, 명령을 마지못해 따른 것 또한 불법적인 행위로 성립된다."는 명제를 대며 아이히만의 주장을 무력화시켰다.

아이히만의 재판을 지켜본 동갑내기 유대인 여성 정치철학자인 한나 아렌트(1906~1975)는 법정 선 아이히만의 모습을 보고 놀랐다. 수백만 명을 학살한 악인이라기보다는 우리 주변에서 흔히 볼 수 있는 평범한 중년

남자의 모습을 지니고 있었기 때문이다. 반 유대주의의 광기 어린 모습은 어디에서도 찾아볼 수 없었다.

그녀가 개인적으로 아이히만에게 내린 죄목은 **'생각하지 않은 죄'**이다. 자신의 행동으로 인해 남이 겪게 될 고통에 대해 전혀 생각하지 않았다는 이유에서다. 그녀는 저서 〈예루살렘의 아이히만〉에서 "타인의 처지에서 대해 생각할 줄 모르는 것이 생각의 무능과 말하기의 무능을 낳았다."고 적었다. 그러면서 "사유하지 않음, 이것이 바로 폭력이다."라고 했다.

지금 우리는 아이히만의 이야기를 통해 우리 군도, 공직자들도 위임된 권한을 옳고 그름을 사유하지 않고 나쁜 특권과 관행과 갑질과 부패에 사용하고 있지 않은지 생각해야 한다.

더불어 다시 한번 청렴의 봄이 오길 기대해 본다. 다양한 구조 속에서 발생하는 반칙, 변칙, 나쁜 특권과 관행과 갑질과 부패에 대해 사유하고 거부하면 청렴의 봄은 생각보다 빨리 올 것이다.

서울의 봄이 다시 온 쓸쓸한 2025년 2월 어느 날에

7. 공직자의 세 가지 마음 '공명심' 청렴하게 사용하기

공직자가 항상 품어야 하는 마음이 있다. 공명심이다. 공명심에는 세 가지 마음이 있다. 이 중 두 가지는 항상 품어야 하나 한 가지의 마음은 과하지 않아야 한다.

예전에 글을 읽다가 '공직자가 공명심에 불타올라서 위태로운 상황 속에서 목숨을 내놓으면서까지 임무를 완수했다.'는 감동적인 이야기를 보았다. 이 공명심은 어떤 공명심일까?

공명심에는 3가지 마음이 있다

- 공명심(公明心) 공정하고 명명백백히 밝히는 마음.
- 공명심(功名心) 공을 세워 이름을 높이고 싶은 마음.
- 공명심(共鳴心) 함께 공감하여 울리는 마음.

① 공명심(公明心)은 공명정대(公明正大)에서 나온 공명심이다

사사로움이나 그릇됨이 없이 아주 공정하고 명백하다는 뜻이다. 모든 사람을 공평하게 대우하고 차별하지 않는 공정과 사실이나 진실을 숨기지 않고, 있는 그대로 드러내는 마음이다. 그리고 거짓이나 속임수 없이 바르고 곧은 정직한 마음이다.

② 공명심(功名心)은 자신을 위한 공명심이다

이 공명심은 명예욕이 강한 사람들에게 나타난다. 명예심은 중요하다. 자신의 정체성을 유지하는 데 중요한 마음이기도 하다. 그런데 명예에 대한 욕심이 과하게 되면 명예를 높이고자 반칙과 변칙과 불공정과 부패도 일삼는다. 이런 사람들은 자신의 생각이나 의견을 다른 사람에게 강요하거나, 다른 사람의 의견을 무시한다. 자신의 이익을 우선시하기에 다른 사람의 이익이나 손해는 신경 쓰지 않는다. 공명심은 긍정적인 측면도 있지만, 과하면 공명심은 부정적인 결과를 초래할 수 있다.

③ 공명심(共鳴心) 함께 공감하여 울리는 마음이다

다른 사람의 생각이나 감정, 행동에 공감하여 함께하는 마음이다. 이 공명심이 큰 사람은 다른 사람의 감정이나 생각을 이해하고, 함께 느끼는 공감과 다른 사람의 의견이나 주장에 동의하고, 함께 지지하는 동감, 그리고 다른 사람의 행동에 반응하여 함께 행동하는 연대를 해 준다.

청렴한 공명심 사용하기

공직자는 위에서 설명한 3가지의 공명심을 상황에 맞게 적절하게 사용해야 한다. 공정한 업무가 요구되는 상황 속에서는 공명심(公明心)을, 조직과 개인의 발전을 위해서 성과를 내야 할 때는 공명심(功名心)으로, 함께 공감하고 동행해야 할 때는 공명심(共鳴心)으로 울림을 주어야 한다.

위 3가지의 공명심 중에 2가지 공명심은 항상 있어야 한다. 그런데 한 가지 공명심은 위험하다. 자신을 높이기 위한 공명심이다. 이 공명심이 선을 넘으면 자신과 조직을 잘못된 길로 인도할 수 있다. 그런데 이 위험한 공명심을 모든 사람들은 가지고 살아간다. 어떤 사람들은 오로지 이 공명심을 위해서 살아간다. 이 공명심은 자신의 이름을 높이기 위해, 자신의 이익을 위해 열심히 일하는 사람이 가지는 공명심(功名心)이다.

지금까지 세상의 모든 반칙과 변칙과 갑질과 부정과 부패들은 자신의 이익을 위한 선을 넘은 공명심(功名心)에서 시작되었다. 권력과 권한을 가지고 있는 사람들이 자신의 이름을 위해서 권력과 권한을 사용하는 것이다. 자신의 이름 속에는 다양하게 연결 연결이 되어 있는 사람들을 위해서 반칙하고 변칙을 도와주고 권한을 남용하고 법을 위반하여 그들의 공명심도 높여주는 도구로 활용했다.

또한 이 공명심(功名心)은 부정한 행위를 감추고 덮는데 1등이다. 이 부정을 공정과 정의로 포장하는데도 1등이다. 부정한 행위를 정의로 만들어 자신의 이름을 드높이는 것이다.

   그러나 언젠가는 그것이 공명심(公明心), 공명심(共鳴心)에서 나온 정의로운 것이 아닌, 자신의 이름만을 높이기 위한 사적인 공명심(功名心)임을 알게 된다. 공명심(功名心)에 의해 국민의 인권을 침해하고 자신의 안위를 위해 세상을 지배하고 복종하게 했던 사건을 〈서울의 봄〉 영화에서 보았다. 이들은 45년간을 자신들의 행위가 공명심(功名心)이 아니라 공명심(公明心)이었다고 감추고 덮고 미화했다. 그러나 〈서울의 봄〉을 보면서 우리가 알게 되었다. 자신들의 사적 이익을 위한 공명심(功名心)이라는 것을.

   나의 마음속에 너의 마음속에 누구나의 마음속에 있는 3가지 마음, 공명심(公明心), 공명심(功名心), 공명심(共鳴心)을 생각하며 살아야 한다. 특히, 권력과 권한이 많은 사람일수록…! 공명심을 잘 선택을 해야 한다.

8. 맑은 아랫물이 부패한 윗물을 맑게 하기

윗물이 맑아야 아랫물이 맑다. 윗사람이 청렴해야 아랫사람도 청렴하다. 높은 고위공직자가 청렴하면 조직이 모두 청렴하다. 하늘이 알고 땅이 아는 말이다. 밥 먹으면 배부른 소리다.

그런데 왜! 우리사회는 윗물이 맑은 날이 없을까! 윗물이 맑을 날을 계속 한없이 기다려야만 하나! 언제까지 기다려야 할지 답답하다.

우리 사회 부패한 윗물들

정부가 바뀌고, 장관 등 고위공직자가 바뀌면 등장하는 것이 있다. 인사청문회다. 고위공직자로서 으뜸은 청렴의 가치를 가지고 행하는 사람이다. 그런데 고위공직자 후보가 되는 사람들이 청렴수준이 국민의 시각에서 너무 차이가 크다. 공직자로 살아오면서 자신의 영향력과 자신과 배우자와 자녀 등 관련된 사람들이 했던 반칙하고 변칙하고 불공정하고 부패한 이야기가 대추나무를 흔들면 대추들이 떨어지는 것 같이 조금만 흔들어도 후드득 떨어진다.

가장 법을 가장 잘 지켜야 하고, 국민들에게 본보기가 되어야 할 사람들이 법을 가장 잘 위반하여 사적인 이익을 추구한 사람들이다. 이 사람들이 국회의원이 되고, 지방의회 의원이 되고, 지방자치단체장이 되어 권력을 갖는다. 또 위임된 권력으로 임명하는 사람들 또한 지금까지 함께 반칙과 변칙과 불공정을 좋아했던 사람들이다.

국회의원들이 선거에서 돈봉투를 돌리고, 국정감사 시간에 싸움이나 하고, 고위공직자의 자녀들이 자신의 근무하는 조직에 채용이 되는 것이 당연한 것이 되기도 한다.

국민들은 그냥 가슴만 치면서 아연실색 쳐다보아야 하는 실정이다. 윗물이 맑을 기미가 보이지 않는다. 서로 물고 무는 윗물들의 진흙탕 싸움 속에서 아랫물도 같이 흐려진다. 공직사회와 이 나라를 이끌어 가는 윗물이 맑아야 하는데 이 사람들이 맑지가 않으니 이 일을 어떻게 하란 말인가?

맑은 아랫물이 윗물이 되기

윗물을 맑게 할 수 있다. 옹달샘이 되는 것이다. 옹달샘은 누가 흐려 놓아도 곧 맑은 샘물로 바뀐다.
아랫물들이 마중물이 되어 깨끗한 샘물로 만드는 것이다.
깨끗한 샘물인 아래의 맑은 물이 나서서 부패로 오염된 구정물을 바깥으로 버려야 한다. 아래서 샘물들이 철철 나와서 오염된 물들이 더 이상 우리사회에서 떠다니고 오염되지 않게 계속 정화를 시키면 부패한 윗물들은 없어지고 깨끗한 윗물들이 된다.

역사적으로 도저히 윗물들이 바뀌지 않을 때는 아랫물들이 나섰다. 우리 역사 속에서 있었던 사건들이 권력과 부패에 대항한 국민의 심판이었다.

더불어 지금 우리나라 아랫물들은 대체로 맑다. 공정에도 아주 민감하다. 부당한 특권과 관행과 갑질과 부패에 대해 질색을 한다. 윗물들의 부당한 행위에 대해 강하게 거부하고 대항을 한다. 앞으로 보충되는 물들은 맑은 물들일 것이다. 불공정과 갑질과 부패를 해 본 적이 없는 맑은 물들이다. 계속 채용되고 있는 맑은 물들이 늘어날 것이다. 또 공정한 인사를 통해서 맑은 물들이 칭찬받고 인정받고, 승진하여 윗물로 자꾸자꾸 많이 올라가야 한다. 올라가서 맑은 물들이 윗물이 되면 된다. 생각만 해도 가슴 벅차다.

어느 순간에 대한민국은 맑은 물 세상이 될 것이다. 부패한 윗물들은 어느 순간 사라지고 부패하려고 하는 사람들은 맑은 물에서 살 수 없는 청렴한 세상이 조직과 사회가 되는 것이다.

맑은 물 세상 만들기

그러한 세상이 되기 위해 낮은 물이 계속 공급이 될 수 있도록 해야 한다. 방법은 채용 시부터 청렴한 공직자로 살아갈 수 있는 사람을 채용하는 것이다. 특별히 공직자는 청렴의 가치를 가지고 살아갈 수 있는 사람이 중요하다.

　두 번째는 공공기관과 사회가 청렴한 조직문화를 만드는 것이다. 아랫물이 오염되지 않는 조직의 문화다. 특권과 관행과 갑질과 부패를 할 수 없는 투명하고 공정한 조직문화가 되는 것이다. 누가 부패하려고 하면 민감하게 알아차리고 NO!라고 눈치를 줄 수 있는 조직이다.

　세 번째는 청렴교육이다. 청렴교육은 조직이 지속가능한 맑은 물을 유지할 수 있는 원동력이다. 맑지만 직무수행간 발생하는 다양한 이해충돌 속에서 맑은 물을 유지할 수 있도록 청렴의 가치를 공직자의 마음과 조직 속에 심어 주어야 한다.

　이렇게 낮은 곳에서 맑은 물들을 5~10년만 퍼 올리면 지금 썩은 부패한 물들은 전부 사라지지 않을까!

'청렴한 샘물'

어느 나라에 청렴한 샘물이 있었다.
늘 이 샘물을 흐리는 부패를 먹고사는 미꾸라지가 있었다.
미꾸라지가 청렴한 샘물을 휘젓고 돌아다니며
부패한 물로 바꾸었다.

그러나 샘물들이 힘을 내어
부패한 흐린 물을 맑은 물로 바꿨다.

그러던 어느 날 미꾸라지가 사라졌다.
부패를 먹고 사는 미꾸라지가 먹을
부패가 없어졌기 때문이다.

Chapter 6

청렴한 조직문화 만들기

1. 청렴한 인사(人事)가 만사(萬事)다

인사가 만사다. 인사보다 중요한 일이 있을까! 인사보다 중요한 것은 없다. 인사가 만 가지 일 중에서 가장 중요하다. 인사에는 여러 가지 인사가 있는데 어떤 인사가 만사일까? '인사'는 만나고 헤어질 때 하는 '인사', 사회적 지위가 높거나 활동이 많은 사람을 표현하는 '인사', 사람이 하는 일을 말하는 '인사', 사람을 채용, 승진, 전보, 평가 등 관련한 일을 '인사'라고 한다. 어떤 인사도 중요하지 않은 것이 없다.

이 중에 인사가 만사가 되는 것은 사람을 채용하고 승진하고 전보하고 평가 등 조직에서 지위와 권한을 부여하는 인사를 말한다. 인사만사(人事萬事)'라는 말은 사람을 채용하고 배치하는 것이 만 가지의 일, 다시 말해 모든 일을 말한다. 좋은 사람을 잘 선발하여 필요한 곳에 잘 배치하면 모든 일, 만사가 잘 돌아간다는 뜻이다. 조직에서 자질과 능력이 있는 사람을 채용하여 공정하게 평가하여 승진시키고 보직을 주는 것이 가장 중요한 만사인 것이다. 이렇게 되면 어떤 조직도 건강한 조직이 되어 성과를 내면서 모두가 인정하고 존중하면서 살아갈 수 있다.

세상을 망치는 나쁜 인사

그러나 모든 역사와 조직 속에서 '나쁜 인사'가 있다. 능력과 자격이 안 되는 사람들을 인사하는 것이다.

잘못된 인사로 인해 작은 조직은 물론 한 나라도 망하게 하는 일을 과거와 현재의 역사 속에서 수없이 보아 왔다. 그래서 만사를 망치는 가장 나쁜 인사는 부패한 인사다. 능력이 없는, 자격이 없는 사람이 잘못된 인사로 권력을 갖게 되면 만사가 부패하게 된다. 반칙과 변칙을 통해서 채용이 되고 권한을 갖는 순간부터 부패가 인사의 만사가 된다. 승진과 더 큰 권력을 갖기 위해 부패는 수단이 된다. 자신의 부정한 행위를 도와주고 순종할 수 있는 사람들을 모으고 자신의 권력을 더 큰 권력으로 도모할 수 있는 곳으로 인사를 한다. 이들과 함께 더 큰 권력을 위해 자신이 지금까지 해왔던 반칙과 변칙을 확장한다. 이 부패한 인사(권력자) 한 사람의 주위에는 썩고 냄새나는 곳에 똥파리가 꼬이듯이 탐욕스럽고 부패하려고 하는 사람들과 다양한 이해관계자들이 자신들의 인사를 위해 꼬인다. 한번 부정한 방법으로 연결된 끈은 잘 끊어지지도 않는다. 함께할수록 더 견고해지고 부패한 인사 공동체가 된다.

과거에 대한민국은 인사가 만사라는 것을 너무 쉽게 경험했다. 대한민국 사람이라면 군복무에 자유로운 사람은 아무도 없다. 모두가 군에 간 장병의 부모로, 형제로, 가족으로, 친구로 살고 있기 때문이다. 군에 보내면서 안 다치고 무사하게 사회로 나오길 바라는 마음은 모두가 같다. 군에 힘 있는 아는 사람이 있다는 것은 큰 빽이었다. 이들에게 인사청탁을 했다. 이 시대의 만사를 경험한 사람들은 군에 가는 자녀들을 위해 아는 힘 있는 군인과 연결된 한 다리, 두 다리 걸친 연줄을 찾아서 인사 청탁을 했다. 나도 군생활을 하면서 인사청탁을 피해가지 못했다. 군의 간부로 살아가면서 지위가 올라가면 올라갈수록 더 많은 청탁을 받는다. 거절할 수 없는 상급지휘관과 상급부대 높은 계급의 간부, 사정기관의 실무자가 직위와 위력을 이용하여 인사를 청탁을 해댔다. 포상휴가를 보내 달라, 외출·외박을 보내 달라, 병원에 입원시켜 달라. 징계를 받지 않도록 해 달라. 불러서 차 한잔 줘라 등 불편하고 들어줄 수 없는 청탁을 많이 받았다. 청탁을 들어주지 않으면 그들의 영향력을 이용하여 다른 우회적인 방법으로 압력을 넣었다. 부대를 공정하게 지휘해야 하는 지휘관으로서 들어주자니 부하들에게 부끄러웠고 안 들어주자니 힘 있는 사람들로부터 받을 압박과 불이익의 딜레마 속에서 늘 고통스러웠다.

지금은 군에 부정청탁을 해도 잘 들어주지 않는다. 그만큼 투명해졌다. 그렇지만 인사의 청탁은 아직도 계속 진행형이다. 눈에 넣어도 아프지 않은 사랑하는 자녀가 군에 입대하면 당연히 근심과 걱정이 된다. 과거 속에 경험했던 불편한 인사가 만사의 기억 속에서 자신의 자녀를 위해 뭔가 해야 한다. 연줄과 연줄을 통해서 자신의 자녀가 근무하는 부대에 영향력을 줄 수 있는 힘 있는 간부를 찾고 찾아 청탁을 한다. 인사에 대한 청탁은 영원히 끝나지 않을 것이다.

인사에 목을 매는 이유

인사는 만사가 되는 강력한 권한이 있다. 인사권이다. 사람을 채용하고 승진시키고 자리를 줄 수 있는 권한이다. 인사권에 따라 천당과 지옥을 왔다 갔다 한다. 똑같은 직급이라 하더라도 누구는 높고 누구는 낮고, 누구는 가치가 있고 누구는 가치가 없고, 누구는 누리고 누구는 섬겨야 하고, 누구는 꿀을 빨고 누구는 발바닥에 땀 나게 일해야 한다. 어떤 자리에 위치하느냐에 따라 달라지는 것이다. 이것을 하는 것이 인사권이다. 인사에 따라 앞으로 고속도로를 타느냐, 1차선 길로 가느냐, 비포장길로 가야 하는지 결정이 된다.

그래서 인사가 만사다. 그래서 사람들은 인사에 민감하다. 인사를 위해 누구는 죽도록 열심히 일을 하고, 누구는 죽도록 아부를 하고, 누구는 죽도록 뇌물을 주고, 누구는 알아서 긴다. 이 4명의 누구 중에 이 중에 더 높아지고, 가치 있는 일을 하고, 누려야 하는 만사가 되어야 할 사람은 누구이어야 할까? 당연히 죽도록 열심히 일한 사람이다. 그러나 그렇지 않은 경우가 있다. 조직을 위해 열심히 한 사람이 아닌, 사람을 위해 아부하고, 접대하고, 알아서 기는 사람이 인사가 만사가 되는 경우이다. 이러한 상황을 보고 억울하고, 분하지만 인사가 만사인 구조에 무릎 꿇고 승복할 수밖에 없다.

불공정한 인사는 내부조직을 불안하게 만들고 사회를 부패하게 만든다. 부정한 채용, 줄타기 인사, 낙하산 보직에 청렴하게 열심을 다하는 사람들은 만신창이가 되고 가슴을 멍들게 한다. 채용을 위해 승진을 위해 보직을 위해 정직하게 달려왔던 사람들이 패자가 되어 버리는 것이다. 공정하고, 정직하고, 원칙을 지키는 것이 손해라는 인식하게 된다. 할 수만 있다면, 기회가 된다면 청탁을 하고, 줄서기를 하고, 뇌물을 주고 부패한 조직과 사회로 연결이 되어 조직을 붕괴시킨다.

청렴한 인사 하기

청렴한 인사가 만사가 되기 위해서는 공정과 투명이다. 공정은 **기회와 과정과 결과에서 공정**해야 한다. **기회의 공정은 누구나 공평한 기회를 주는 것이다.** 누구는 고속도로를 타기에 유리하고, 누구는 1차선 도로를 타야 하고, 누구는 비포장길을 걸어갈 수밖에 없는 구조 속에서 똑같은 기회는 불공정하다. **과정의 공정은 절차적 공정이다.** 고속도로를 탄 사람이 간 거리와 1차선을 탄 사람이 간 거리와 비포장길 속에서 간 사람의 거리를 보정 없이 그대로 적용하는 것은 불공정하다. **결과의 공정은 기회와 과정을 제대로 평가하는 것이다.** 고속도로와 1차선 도로와, 비포장 길을 달린 사람에게 주어졌던 기회와 각자에게 주어진 길 속에 달렸던 과정을 공정하게 평가해 주는 것이다.

또한 기회와 과정과 결과의 공정은 투명해야 한다. 3자가 보았을 때 의혹이나 의심하지 않도록 진행이 되어야 한다.

반부패 법령 속에서 인사 하기

공직사회에서 공정한 인사를 위한 반부패 법령이 있다. 앞에서 설명했던 행동강령, 청탁금지법, 이해충돌방지법이다. 공직자행동강령에서는 '인사 청탁 등의 금지' 조항이 있다. 공직자는 자신의 임용·승진·전보 등 인사를 타인으로 하여금 인사업무 담당자에게 청탁을 해서는 아니 된다고 명하고 있다. 한마디로 아빠 찬스, 엄마 찬스. 지인 찬스 다른 사람, 3자의 빽을 쓰지 말라는 것이다. 또한 공직자는 직위를 이용하여 다른 공직자의 임용·승진·전보 등 인사에 부당하게 개입하면 아니 된다고 명하고 있다. 한마디로 압력을 넣지 말라는 것이다. 행동강령에 있음에도 공직사회에서 가장 지켜지지 않는 것이 공직자의 인사청탁 금지 조항이다. 아는 힘 있는 자에게 청탁하고, 청탁받은 힘 있는 자는 자신의 권한과 영향력을 이용하여 압력을 행사하는 나쁜 인사청탁을 하는 것이다.

청탁금지법에서 정하는 부정청탁의 유형은 15가지다. 이중 인사관련한 부정청탁은 공직자의 모집·선발·채용·승진·전보에 관하여 법령을 위반하여 개입하거나 영향을 미치도록 하는 행위로 정하고 있다. 행동강령에서는 공직자가 아닌 일반인에게도 공직자의 영향력을 이용한 알선·인사청탁을 부정청탁으로 금지하고 있다. 공직자는 부정청탁을 받지 않는 것뿐만 아니라 다른 일반기업·단체·사람들에게 부정청탁과 알선을 해서는 아니 되는 것이다.

또한 이해충돌방지법에서는 인사에 대해서도 제한하는 조항이 있다.

가족의 채용을 제한하는 내용이다. 고위공직자와 채용업무를 담당하는 공직자는 자신의 기관에 자신의 가족을 채용하지 못하도록 정하고 있다. 여기에서 말하는 가족채용 금지는 특별채용과 같은 공정경쟁 없이 채용하는 경우에 해당된다. 과거에 기관장이나 권력자가 되면 자격과 능력이 안 되는 가족을 특별채용을 통해서 가족을 채용하고 승진시키고 인사를 하는 나쁜 관행을 없애기 위한 것이다.

청렴할 수 있는 가장 큰 인사(투표) 하기

가장 큰 인사는 국민이 한다. 국민이 투표를 통해서 가장 큰 권력을 가지고 있는 사람을 인사하는 것이다. 그래서 국민이 청렴감수성이 높은 대통령을 뽑아야 하고, 그러게 되면 당연히 청렴하게 장관을 인사하고 수많은 청렴한 공공기관장들을 인사를 할 것이다. 또한 청렴감수성이 높은 국회의원, 지방의회의원을 뽑아야 한다. 그러면 당연하게 국가기관과 지방자치단체, 공공기관의 올바른 인사를 감사하고 평가할 것이다. 안타깝게도 대한민국은 국민이 인사를 늘 잘 못 해 왔다. 청렴하지 않은 사람을 인사를 한 것이다. 대한민국이 청렴한 나라가 되기 위해서는 가장 큰 인사를 잘해야 한다.

청렴한 인사가 만사가 되는 세상이란?

**청렴한 사람이 인정받고,
청렴한 사람이 칭찬받고,**

**청렴한 사람이 승진하고,
청렴한 사람이 대박 나고
청렴한 사람이 천하의 큰 장사 하는 세상이다.**

청렴한
인사가 만사다.

2. 청렴할 수 있는 사람 채용하기

자격이 있는 사람이 공직자가 되어야 한다

　공공기관에서 근무하는 공직자는 청렴한 사람이어야 한다. 이 말은 밥 먹으면 배부른 소리다. 공공기관에서 근무하는 공직자 중 청렴하지 않은 사람에는 두 가지 부류가 있다. 애초에 청렴하지 않은 사람이 공직자가 된 경우, 또 하나는 공직자 생활을 하면서 청렴하지 않게 되는 경우가 있다. 이 두 가지 경우에서 더 중요한 것은 청렴할 수 없는 사람이 공직자가 되어서는 안 된다.

　공공기관에서 근무하는 사람들이 청렴해야 하는 이유를 앞서 공(公)자가 들어간 직업을 가진 사람들의 의미에 대해서 설명을 하였다. 공(公)자가 들어간 직업은 공정한 나눔을 위한 직업이다. 공정한 나눔을 하는 사람이 청렴할 수 없는 사람이 되는 것은 도둑에게 금고를 맡기는 것과 같다.

모든 사람은 직업의 자유를 가지고 있고 자신의 능력에 따라 직업을 선택할 수 있다. 그중에 공직자를 선택하는 사람들은 공정이라는 가치를 마음과 몸으로 민감하게 실천할 수 있는 사람이어야 한다. 청렴할 수 없는 사람을 채용한 후 직무를 수행하면서 공직기강을 해치고 부패를 행하는 경우를 많이 볼 수 있다.

청렴에 관심이 없는 사람들

A 공직자는 채용된 지 몇 주 만에 신문에 났다. 처음 직무를 수행하는 과정 속에서 커피숍에 들렀던 이야기를 SNS에 올린 것이 논란이 된 것이다. 시민들은 이글을 보고 공직자가 직무수행시간에 이렇게 한가하게 커피숍에 가서 꿀을 빨고 있다, 직무태만이다. 이 공직자의 행위에 대해 처벌 조치를 요구하고 민원을 제기한다. A 공직자는 어렵게 공직자가 된 것이 너무 뿌듯하고 좋아서 자랑을 하고 싶었을 수도 있었을 것이다. 하지만, SNS 몇 줄의 글, 사진 한 장 올린 것이 공직자로 시작하자마자 조사를 받아야 하고, 어쩌면 징계도 받을 수 있다.

B 공직자는 어려운 채용과정을 뚫고 입사를 하였다. 업무를 배우고 직무를 수행하면서 자신이 하는 일에 대해 적성에 맞지 않았다. 다양한 시민들을 상대해야 하는 민원 업무에 인내의 한계를 느끼게 된다. 결국 얼마 못 가서 민원인하고 다툼이 발생하였다. 다툼의 발생은 민원인의 과도한 요구였지만 조치하는 과정에서 불성실한 공직자의 대응으로 문제가 된다. 이 다툼으로 그 공공기관은 언론에도 망신을 당한다. B 공직자는

더 이상 근무하기도 힘들고 근무를 할 수 없어서 퇴사하였다. 잠시 근무했던 신입 공직자로 남겨 놓은 상처와 손해는 너무 크다. 손해는 청렴도 평가, 기관경영 평가, 적극행정 평가에 모두 영향을 미치고 해당 공공기관에 근무하는 모든 공직자에게 피해를 준 것이다.

C 공직자는 공공재정 관리 업무를 담당하면서 '자물쇠 없는 곳간'을 자신이 관리하고 있다는 것을 알게 되었다. 곧 곳간의 돈에 손을 대기 시작하고 10개월 만에 바늘 도둑에서 소 도둑으로 괴물처럼 변하여 총 45회 약 5억 원에 해당하는 공금을 횡령했다.

위 세 개의 사례는 청렴의 가치를 모르고 입사하거나 청렴할 수 없는 공직자를 채용함으로써 공공재산의 손해는 물론 공공기관의 청렴이 손상된 사례다. 그래서 공공기관에서 근무하는 공직자는 공직자로서 청렴할 수 있는 사람을 채용해야 한다. 앞에서 설명한 이것이 '인사가 만사가 되는 것'이다.

그럼, 공직자로서 준비된 사람, 청렴할 수 있는 사람, 윤리적인 사람은 어떻게 채용을 해야 할까? 이 방법을 알 수 있다면 세상은 달라질 것이다. 공공기관과 기업에서도 청렴윤리경영, 준법경영, 인권경영 등 다양한 윤리적인 경영을 요구하고 있는 이때 청렴의 가치를 가지고 실행할 수 있는 사람을 채용할 수 있다면 얼마나 좋을까? 다양한 방법이 있겠지만 모든 방법에 정답은 있을 수는 없다. 사람 속을 알 수 없기 때문이다. 하지만 청렴할 수 있는 사람을 채용하기 위해 노력을 해야 한다.

그 노력 중 한 방법이 요즘 채용 시 거치게 되는 인적성 검사와 면접이다. 인적성검사간 인성검사에서 도덕성, 윤리적 민감성, 책임감, 성실성, 대인관계 등을 다양한 항목을 반영한 검사를 할 수 있다. 그러나 인성검사는 한계가 있다. 개인이 자기 성격이나 성향을 거짓으로 응답할 수도 있다. 요즘은 인성검사 점수를 좋게 받는 방법도 배운다고 한다. 그래서 다른 검사와 종합적으로 판단하여 선발해야 한다.

공직자로서 청렴하게 살아갈 수 있는 사람인지 확인하기

인적성 검사결과와 면접 과정을 통해 좀 더 공직자로서 살아갈 준비가 되어 있는지 청렴할 수 있는지 확인할 수가 있다. 확인해야 할 사항은

첫 번째는 공직자의 의미와 공직자로 살아갈 준비가 되어 있는지 확인해야 한다. 앞의 사례와 같이 공직자가 되고 나서 일탈행위를 하거나 자신의 적성에 맞지 않는 사람들이 있다. 이 사람들의 특징은 공직자가 무엇을 하는지도 모르고 공직자가 좋다니까 공직자가 되기를 희망하는 사람들이다. 공직자 삶의 의미를 모르는 사람들이 공공기관에 근무하면 자신뿐만 아니라 조직과 국민에게 손해를 입히게 된다. 공직자를 하려고 하는 사람들은 공직자의 삶이 어떠한 가치를 가지고 있고 자신의 언행이 어떠한 의미를 가지고 있는지 알아야 한다.

두 번째는 공직자로서 의무와 책임을 실천하고 감수할 수 있는 사람인지 확인해야 한다. 공직생활을 하기 위해서는 공과 사를 구별하고 청렴해

야 하는 것은 물론이요 신분과 직무상 다양한 의무를 지켜야 한다. 성실의 의무, 복종의 의무, 친절 공정의 의무, 종교 중립의 의무, 비밀엄수의 의무, 품위 유지의 의무, 선서의 의무, 그리고 하지 말아야 할 것도 있다. 근무이탈 금지, 영리업무 및 겸직 금지, 정치운동 금지 등이 있다. 이 많은 것들에 대해 받아들이고 행할 수 있는 사람인지 확인하는 것이다.

세 번째는 면접간에 직무수행 윤리적 딜레마 속에서 청렴할 수 있는지 확인해야 한다. 사람들은 내재된 의식 속에서 윤리와 비윤리적인 행동 속에 살아간다. 다양한 상황 속에서 윤리와 비윤리 딜레마 속에서 옳고 그름을 판단하고 선택하는 것은 생각보다 쉽지 않다. 상황이 복잡할수록 옳지만 비윤리적이고 그르지만 윤리적인 경우도 있다. 이러한 상황 속에서 선택할 수 있는 것이 바로 이 사람의 정체성이다.

그래서 면접간 꼭 이러한 딜레마 상황 속에서 어떻게 옳고 그름을 선택하고 윤리적으로 상황을 판단하는지를 살펴보아야 한다. 윤리적 딜레마의 상황 속에서 지원자의 사고와 논리의 선택 과정을 보면 앞으로 공직생활간에 이 지원자가 윤리와 비윤리 딜레마 상황 속에서 어떠한 판단을 할 수 있을지 알 수 있다. 확인 방법은 지원자의 직종과 직무관련하여 이럴 수도 저럴 수도 없는 상황을 제시하고 판단하고 추론하고 선택하는 과정을 답변과 다수인 면접이라면 지원자 간 토의 관찰을 면접관의 질문을 통해서 확인하는 것이다. 이 과정을 거치게 되면 사람들의 자신이 가지고 있는 윤리적 정체성을 확인할 수 있다.

공직자는 청렴해야 한다. 그리고 청렴한 공직자를 채용해야 한다. 청렴한 공직자를 채용하면 국민이 편안하고 만사형통하게 된다.

3. 청렴할 수 없는 사람 채용하지 않기

청렴할 수 없는 사람을 채용하지 않기 위한 더 구체적인 방법을 제시해 본다. 이 내용은 내가 공공기관 면접관으로 임무를 수행하면서 준비하고 실행했던 방법이다. 이 방법을 통해서 면접을 통해서 나름대로 청렴한 공직자를 선발하는 데 도움이 되었다고 생각한다.

공직자로서 살아갈 수 없는 사람과 공직자로서 살아가다가 윤리적 딜레마 상황이 발생할 때 공공기관에 손해를 입힐 수 있는 사람들을 구별하는 것이다.

공공기관 채용 면접관 의뢰

얼마 전에 민간채용컨설팅 업체에서 전화가 왔다. 공공기관 채용면접관으로 위촉을 하고 싶은데 가능한지에 대한 전화였다. 퇴직하고 나서 한 번도 채용 관련한 면접관 임무수행 경험이 없었다. 과거 공직생활간에는 임용 면접, 승진 면접, 승진 심사, 다면평가 등 다양한 인사관련 업무에 위촉이 되어 해 본 적은 있지만 퇴직 후에는 처음으로 의뢰를 받는 상황이었다. 일단 새로운 경험도 하고 싶고, 공직자로 오래 살아왔고, 공직자들을 대상으로 청렴교육을 하면서 살고 있기에 설렘으로 수락을 하였다.

그리고 혹시, 어떻게 알고 요청을 해 주셨냐고 물어봤다. 청렴연수원에 등록되어 있는 강사 중에서 공직에 경험이 있으신 분을 선택해서 전화를 주셨다고 한다. 이력에는 면접관련 내용이 한 단어도 없는데. 요구사항은 인성과 청렴윤리 관련해서 면접이 될 수 있도록 준비를 해 달라고 하였다. 나중에 안 것이지만 공공기관에서 채용컨설팅 업체에 채용과정을 위탁하면서 특별히 공직자로서 인성과 청렴윤리를 확인해 줄 것을 주문을 했다는 것이다.

채용면접관 되기

요청을 받고 마음이 들떴다. 강사로서 3년을 살아오다가 면접관으로서 장을 펼칠 수 있게 되었다. 그런데 재직했을 때 했던 면접과 심의하고는 차원이 달랐다. 시간도 많이 지났고 일반 공공기관 트렌드도 다를 수 있어서 채용관련 공부를 하기로 했다. 면접하는 날까지는 시간이 충분했기 때문에 먼저 도서관에가서 면접에 관련한 책들을 찾아보았다. 채용면접 관련한 책들은 엄청 많았다. 면접이 기본으로부터 최신 면접트렌드, AI 면접, 면접기술, 면접관 질문 등을 읽으면서 어떻게 면접을 할 것인지에 대해 콘셉트를 잡고 메모를 하면서 준비를 하였다.

또 유튜브에도 채용면접에 관련한 자료들이 엄청 많았다. 면접을 잘 보기 위해서 자소서를 쓰는 방법으로부터 면접 간 복장, 용모, 자세, 표정, 말하기 등 면접 컨설팅을 하시는 일타 강사님들의 영상도 살펴보았다. AI면접도 있다. 지금 대기업에서도 AI면접으로 채용하는 경우도 많다. AI면접을 접하면서 사람이 하는 면접보다 더 정밀할 수 있겠구나라는 생각이 들었다. 얼굴에 있는 수백 개의 근육 움직임으로 그 사람의 얼굴표정, 자세, 목소리, 호흡, 떨림 등으로 지원자의 능력과 성격과 사고방식을 평가하는 것이다. 무섭다. AI 면접의 장점과 단점이 있을 것 같다. 면접을 준비하면서 AI면접에 흥미를 느껴서 면접관으로서 임무를 수행한 후 별도로 'AI채용 & 챗GPT 활용 취업 강사과정'을 통해서 AI채용에 대해서 구체적으로 배울 수 있었다.

청렴하고 윤리적인 사람인지 확인하기

위와 같은 다양한 면접에 관련된 자료를 보고 나서 면접 준비를 했다. 나는 의뢰받은 면접 분야인 인성과 청렴윤리에 초점을 맞추어 이 사람이 인성과 청렴할 수 있는 사람인지 아닌지 확인할 수 있는 방법을 고민했다. 사전에 보내 준 다양한 채용 직군을 보면서 어떤 일을 할 공직자인지도 확인을 하면서 초점에 맞추어 질문지를 만들었다.

그리고 면접 진행에 단계를 설정했다. **1단계: 무장해제 단계, 2단계: 공직자로서 준비 확인 단계, 3단계: 공직자로서 직무관련 딜레마 속에서 윤리적 정체성 확인하기**로 했다.

1단계 무장해제

무장해제 단계가 가장 중요하다. 면접을 하면서 마주하는 지원자들의 모든 모습은 긴장과 긴장이다. 나도 누구도 저 자리에 서게 되면 눈빛이 흔들리고 손과 발이 내 마음대로 움직이지 않고, 목소리도 내 목소리가 아니고 생각도 내 생각이 아니다. 그래서 로보트가 된다. 면접컨설팅을 받고 온 지원자들도 마찬가지다. 자신의 것이 아닌 무장들을 해제하는 것이다. 가면과 머릿속에서 준비해 온 생각들 멘트들을 해제시키는 것이다.

2단계는 공직자로서 준비 상태를 확인

공직자로서 삶이 무엇인지, 공직자가 무엇을 하는 사람인지, 일반직업과 공공기관에서 근무하는 공직자와의 차이가 무엇인지, 일반직업과 공직자와의 장단점이 무엇이 있는지, 최소한의 공직자로서 살아가기 위한 공직에 대한 가치에 대한 생각들을 확인하는 것이다. 이번 면접을 하면서 놀란 것이 공직자는 되고 싶어서 지원을 하면서도 공직자라는 직업에 대해 한 번도 생각해 보지 않은 지원자들도 많았다. 일반직업과 다름이 없는 직업으로 생각하고 있는 것이다. 공직자로서 삶을 살아가기 위한 마음자세는 일반직업과 달라야 한다.

3단계는 윤리적 정체성 확인하기

1·2단계에서 몸풀기를 했으니 난이도가 높은 질문을 한다. 질문 방법

도 면접지원자들 간에 답변들을 이어 가기도 하고 다른 면접자의 답변에 대한 생각도 하고, 시간이 된다면 면접지원자 간 토의를 시키고 관찰하는 방법도 있다. 또한 사진이나 그림을 보여 주고 생각이나 판단을 물어볼 수도 있다.

가장 좋은 질문은 채용지원자가 일하는 환경(사람, 직무 법과 규정) 속에서 발생할 수 있는 딜레마 상황의 질문을 하는 것이다. 이번 면접을 하면서 3단계 질문을 통해 면접지원자가 가지고 있는 인성과 윤리의 정체성을 확인하는 데 결정적이었다. 대체로 세 가지 형태의 선택을 하였다. 인성과 윤리적인 딜레마 자체를 느끼지 못하고 있는 경우, 윤리를 택하는 경우, 인성을 택하는 경우다. 사실 답은 없다. 어떻게 보면 법과 규정을 지키는, 어떻게 보면 함께하는 조직과 사람을 선택해야 한다. 중요한 것은 왜 선택했는가이다. 왜 선택을 했는지 이야기 속에서 지원자가 가지고 있는 공직자로서 가져야 할 가치와 윤리적인 행동을 예상할 수 있었다.

공공기관을 주 대상으로 강의를 하면서 살아가는 나에게는 이번 공공기관 채용면접관 임무를 수행이 더 많은 것을 배울 수 있는 정말 좋은 기회였다. 그리고 청렴할 수 있는 공직자로 채용을 하는 것이 얼마나 중요한지도 알게 되었다.

공직자로서 청렴할 수 없는 사람을 채용되어서는 안 된다. 청렴할 수 없는 공직자를 채용하지 말아야 공직사회가 청렴해지고 국민이 편안해진다.

4. 지배하지 않는 갑, 복종하지 않는 을로 살아가기

지배하고 복종하지 않는 세상이 있을까? 지배하고 복종하지 않는 세상은 없다. 그런 세상을 우리는 유토피아라고 한다. 챗GPT에게 물었다. 지배하고 복종하지 않는 세상이 있어? 챗GPT의 답변이다. '지배하고 복종하지 않는 세상은 현실적으로는 존재하지 않습니다. 인간 사회에서는 권력과 규칙이 존재하며, 사회 구조상 어떤 형태의 지배나 규제가 존재하게 됩니다. 역사적으로 봤을 때, 다양한 형태의 정치 체제나 사회체계가 존재하였지만, 어떤 형태의 사회에서도 권력과 통제가 완전히 없는 상태는 흔하지 않습니다. 일부 철학적이나 사회적 이상향에서는 지배와 복종이 없는 이상적인 세상을 상상하기도 하지만, 이러한 상상은 주로 이상화된 개념이며, 현실적으로는 복잡한 인간 사회에서는 어렵게 실현되는 것이 일반적입니다.'

챗GPT도 상상하지 못하는 세상이다. 한 번도 그런 세상이 없었기에 인간의 경험에 의해 축적된 AI에게는 실현되기 어려운 세상이다. 그러나 우리는 그런 세상을 만들기 위해 상상하고 노력해야 한다.

지배당하고 복종의 삶

앞서 권력의 정의에서 '남을 지배하여 복종시키는 힘. 특히, 국가나 정부가 국민에게 행사하는 강제력'임을 설명하였다. 나도 지금까지 살아온 삶을 생각해 보면 잠시 지배를 해 보았지만 대부분의 시간은 복종하면서 살아왔다. 어려서 부모님으로부터는 지배를 당하지는 않았던 것 같다. 가난했던 시절에 고등학교만 나오는 것으로 족했기에 부모님이 공부를 하라는 잔소리를 한 번도 들어 본 적이 없다. 공부를 잘하는 것이 한편으로 부모님의 부담이 되었다. 단지, 부모님으로부터 잔소리는 어른들에게 인사 잘하라는 정도의 잔소리를 들었다. 그러나 요즘은 유치원부터 부모로부터 지배를 당하고 복종하며 살아간다. 더 큰 지배하는 사람이 되기 위해 지배를 당하며 지배와 복종을 당연시하면서 살아간다.

지난날을 생각해 보니 지배를 당하기 시작한 것은 초등학교에 입학하면서부터 공직을 마치고 퇴직할 때까지의 늘 권력에 복종하며 지배를 당해야 하는 삶을 살았던 것 같다. 이 중 30년간의 공직생활간에는 일부 지배를 하면서 살기도 했다. 초등학교에 들어가면서부터 복종하는 방법을 배웠다. 선생님의 말씀과 선배들의 말에 잘 복종해야 했다. 중학교와 고등학교에서는 부당한 지배로부터 복종을 해야 했다. 학생지도라는 명목으로 지도부원들에게 권력을 위임한 선생님들의 묵인하 수시로 트집을 잡아서 기합을 받고 구타를 당하며 지배를 당해야 했다. 대학을 다니면서도 선후배 사이에 지배와 복종이 이어졌다.

지배하고 복종해야 하는 구조

사회생활의 복종은 군에서 시작을 하였다. 군은 철저하게 지배와 복종하는 조직이다. 그러나 나는 군생활이 쉽게 적응을 하였다. 초등학교에서부터 대학교까지 지배와 복종하는 삶에 익숙하였기에 쉽게 지배와 복종에 적응했다. 또 지배와 복종에 적응하는 방법도 알았다. 방법은 단순하다. 생각을 안 하는 것이다. 그런데 군생활 속 자꾸 생각이라는 것을 하게 되면서 절대적인 지배와 복종이라는 군의 철칙에 의문이 들었다. 그렇지만 생각 없이 복종하는 것이 나에게는 이익이었고 그래야 지배할 수 있었다. 복종하고 지배하는 것이 당연한 것으로 익숙해져 갔다. 지위가 올라가면서 그 익숙함으로 나도 권한을 넘어서 관행이라는 이유로 특권을 누리고, 지위의 영향력으로부터 갑질을 하며 지배하고 복종을 요구했다. 청렴강사가 되고 나서 이 모든 것들이 권력의 속성으로부터 지배하고 복종해야 하는 관계 속에 연결이 되어 나도 모르게 하는 속성이라는 것을 알게 되었다.

세상의 특권과 관행과 갑질과 부패는 모두 권력에서 나온다. 공직자의 권력뿐만 아니라 기업에서 일어나는 모든 나쁜 행위들은 권력으로부터 시작된다. 개인 간의 관계 속에서도 지배와 복종 권력관계가 존재한다. 앞에서 설명한 갑질과 을질도 모두 지배하고 복종해야 하는 권력의 관계 속에서 나오는 것이다. 모든 사람들은 지배하는 위치에 서기 위해 복종을 하고, 그 대가로 지배하는 위치로 오르게 되면 더 큰 지배하는 권력을 갖기 위해 또 다른 더 큰 복종을 한다.

지배하고 복종하지 않고 살아가기

이제 이 불편한 지배와 복종에 대한 인식을 바꿔야 한다. 권력자가 되면 마음대로 권한을 남용하여 지배하고 복종시켜도 되는 권력이 아니어야 한다. 복종하는 사람들도 특권과 갑질에 복종하는 것이 아닌 내가 할 일을 하면 되는 것이다. 지배하지 않아도 되는 복종하지 않아도 돌아가는 세상이 되는 것이다.

지배하려 하지 않아도 모두가 알아서 자기가 할 일을 행복하게 하는 것이다. 복종하지 않아도 되고 복종하려고 할 필요도 없다. 그냥 나에게 주어진 일들을 행복하게 하는 것이다. 갑의 위치에 있는 사람도 을의 위치에 있는 사람도 각자 위치에서 자기의 역할을 하는 것이다. 지배하고 복종하지 않으면서.

이런 세상이 되면 지배하려고 애쓰지 않아도 되는 갑도 편안하다. 복종하지 않아도 되는 을도 편안하다. 서로의 위치와 관계를 존중하면서 행복하게 살아갈 수 있는 것이다.

챗GPT가 현실적으로 이루어질 수 없다는 지배하고 복종하지 않는 세상은 만들 수 없는 것일까? 지배하고 복종하지 않는 세상을 꿈을 꾸면서 노력해야 한다. 모두가 지배하고 복종하지 않으면서 살아갈 수 있는 세상을 상상하면서 만들어야 한다. 나중에 챗GPT도 지배하고 복종하지 않는 세상이 있다고 답변할 수 있도록 우리가 만들어야 한다.

5. 갑과 을의 동행(同幸) 하기

　지배하고 복종하기 않기 위해서는 갑질과 을질로부터 벗어나야 한다. 갑질이라는 용어가 등장하고 직장 내에서 갑이라는 권력을 이용한 갑질과 괴롭힘을 방지하기 위해 2019년도에 근로기준법에 직장 내 괴롭힘 방지 조항(직장내괴롭힘방지법)이 생겼다. 그럼에도 직장갑질119 등에서 실시한 여론조사를 보면 갑질을 당했다고 하는 피해자는 줄어들지 않고 있다. 이제는 갑질이 아닌 을질까지 등장했다. 이전에는 없었던 을의 반격이 된 현상이 발생하고 있다. 갑과 을이 전쟁하고 있는 것이다. 이 전쟁도 뼛속까지 갑질의 피가 흐르는 대한민국에서 갑질 없는 세상을 위한 하나의 과정이다. 이 과정을 길고도 멀 것 같다.

　대한민국이 갑질에서 벗어나지 못하는 이유가 있다. 앞에서 우리 민족의 역사적인 삶 속에서 뼛속까지 흐르는 갑이라는 이유도 있지만, 아직 우리는 갑과 을의 위치와 역할에 대해 진지하게 고민해 본 적이 한 번도 없기 때문이다. 그냥 갑질하지 마라. 을질도 하지 마라, 처벌한다는 소리만 내고 있다.

그렇다면 이 뼛속까지 흐르는 갑질, 더해서 을질을 어떻게 끊어 낼 수 있을까? 나는 공직생활 하면서 절대적인 갑들로부터 수없이 많은 갑질을 당했고, 갑이 되어서는 수없이 갑질을 했다. 공직 생활을 마치고 잘못했던 지난날을 생각하며 갑질의 문제를 어떻게 해결할 수 있을까 고민하며 공공기관의 갑질·직장 내 괴롭힘 예방교육을 하고 있다. 내가 생각한 갑과 을의 갑질과 을질의 문제를 해결할 수 있는 방법을 제시한다.

갑·을의 속성에 대한 사회적 합의

첫 번째로 갑·을의 속성에 대한 합의가 필요하다. 우리 갑·을의 역사 속에서 다행히 노비제도가 없어지고 신분의 갑·을은 없어졌지만 그래도 되었던 '갑'과 그래야만 하는 '을'의 속성에 대해서는 합의하지 못했다. 그냥 어쩌다 보니 신분의 갑과 을의 관계, 껍데기만 해제가 된 것이다. 갑·을 관계 속에서 '그래도 되는, 그럴 수밖에 없는' 이 문제에 대해 합의하지 않은 것이다. 그래서 지금 매일매일 언론 속에서 논란이 되는 것은 갑질한 사람에 대해 댓글로 돌멩이를 던지고 비난하지만, 왜 갑질인지와 왜 그런 갑질 행위를 하면 안 되는지에 대한 내용은 없다.

이 합의 기간은 언제 끝날지 모른다. 갑질에 대한 을들의 저항이 작기 때문이다. 지금만큼의 을들의 저항으로는 갑질을 끝나지 않을 수도 있다. 우리나라도 서양의 국가들처럼 갑질이라는 용어를 없앨 수 있었던 기회가 있었다. 그때는 조선시대였다. 조선시대 신분으로 인해 죽을 만큼 힘들었던 그 시대에 왕과 귀족과의 전쟁을 했어야 했다. 이것을 서양에서는

'혁명'이라고 한다.

프랑스혁명과 영국혁명, (결은 좀 다르지만) 미국혁명 등 서양에서 을들이 갑들과 전쟁했다. 봉건주의 시대 왕과 귀족들을 위한 시민과 노동자의 삶은 우리 조선의 노비와 마찬가지의 생활을 했다. 왕의 권력으로 지배하고 복종하며 모든 것을 착취하는 시대였다. 프랑스혁명이 발생하기 전 모든 권력은 왕, 귀족 그리고 성직자가 가지고 있었다. 민중은 어떤 권리도 가지지 못했으며 왕의 결정에 의해 구류, 처형되거나 추방될 수도 있었다. 이 갑질에 을들이 혁명을 벌인 것이다. 혁명을 통해 피를 흘리며 누구나 다 똑같은 사람이다. 누구나 다 자유롭고 평등하다고 외쳤다. 이후 시민들은 평등한 신분이 되고 국가 내의 이러한 사상들이 존중받을 수 있도록 법이 제정되는 오랫동안의 사회적 합의를 가졌다는 것이다. 이 혁명의 과정 속에서 불평등이 해체되는 과정을 가졌다. 지금 이 시대에 우리는 이런 혁명을 할 수는 없다. 그렇기에 우리는 긴 시간 동안 갑과 을이라는 관계를 해체할 수 있는 사회적인 합의의 시간을 다양한 방법으로 가져야 한다.

존중하는 갑과 을의 관계로 재정립

두 번째로 갑·을의 위치 속에서 관계 재정립이 필요하다. 뼛속까지 흐르는 우리 몸속에 박혀 있는 갑과 을의 위치를 존중하게 만드는 것이다. 갑이면 '그래도 되고', 을이면 '그래야 하는' 이 지배하고 복종해야 하는 관계를, 갑이라도 '그러면 안 되고', 을이어도 '그러지 않아도 되는' 관계로 만드는 것이다. 한마디로 지배하고 복종하지 않아도 되는 관계를 만드는 것이다.

유엔(UN) 산하 자문 기구인 지속가능발전해법네트워크(SDSN)가 발표하는 국가 행복 지수에서 상위권 국가에 대해 청렴한 국가들에 대해 앞서 소개했다. 이 나라들의 행복 지수가 높은 이유에는 투명한 사회인 것도 있지만 갑의 위치와 을의 위치는 있지만 갑질과 을질이 없다는 것이다. 이 행복한 나라에서는 돈과 지위와 직업의 우열에 의한 귀천이 없다고 한다. 내가 어떤 위치에 있다고 할지라도 갑이라고 생각하지 않고, 내가 어떠한 일을 하더라도 을이라고 생각하지 않는다는 것이다. 예를 들어 내가 고위공직자를 하더라도 우리나라처럼 특권을 누리지 않고 일반 시민과 똑같이 생활하며 그 위치가 권력이 아닌 자기의 가치를 실현하기 위해 살아가는 것이다. 또 우리가 거부하는 3D 업종과 같은 수리공을 하더라도 하찮은 일을 한다고 무시당하지 않고 그 일을 하는 것에 가치를 느끼고 살아가는 것이다. 이 상태가 갑과 을의 위치에서 각자의 역할 속에서 가치를 느끼며 행복하게 사는 것이다. 그리고, 모든 사람이 나이가 많건 적건, 직업이 무엇이든, 돈이 많든 적든, 권력을 가지고 있는 사람이든 아니든 서로의 위치를 존중한다는 것이다. 행복할 수밖에 없을 것 같다. 이 나라들의 모습들을 독일의 대표적인 소설가이자 시인 요한 볼프강 괴테가 이렇게 정의했다. '지배하거나 복종하지 않으면서도 무엇인가 하고 있는 사람만이 참으로 행복하고 위대하다.' 괴테는 변호사, 국방부장관, 연극감독, 도서관장, 철학자 등 다양한 삶을 살면서 지배와 복종의 관계 속에서 발생하는 갑질과 을질의 깨달음으로 이 엄청난 명언을 남길 수 있었던 것 같다. 우리는 갑과 을의 위치에서 살아갈 수밖에 없다. 갑과 을을 해체하기보다는 갑과 을의 각자의 위치를 인정하고 갑의 위치를 존중하고 을의 위치는 존중한 것이다. 이렇게 될 때 갑질도 을질도 없이 우리는 각자의 위치에서 서로를 존중하면서 행복하게 살아갈 수 있다.

나쁜 갑질과 을질에 대한 대국민 학습하기

세 번째는 갑질과 을질의 이 나쁜 행위라는 것에 대한 대국민 학습이 필요하다. 당장 혁명을 일으킬 수 없기 때문에 갑과 을이 아닌 동등하게 존중받아야 할 관계로 되기 위해서는 지속적인 학습을 통해서 관계를 재정립해야 한다. 전 국민을 대상으로 교육할 수 없다. 그러나 우리는 매일매일 학습을 받고 있다. 바로 매일 일어나는 갑질, 을질 사례를 통해서 인식하게 하는 것이다. 뉴스를 보고, "아~ 저것은 갑질이구나, 저것은 을질이구나." 갑질과 을질을 넘어서 서로를 존중해야 하는 관계임을 만들어 나가야 한다.

이제 우리라도 갑·을의 위치에서 갑질과 을질이 아닌 동행으로 가야 한다. 여기서 同行은 함께 가는 것은 물론이요 함께 행복해야 하는 同幸이다. 갑이라고 해서 지배하지 않고 을이라고 해서 복종하지 않아도 되는, 서로 존중하면서 동행하는 행복한 모습을 그려 본다.

6. 공공기관 갑질과 직장 내 괴롭힘 방지 콜라보하기

일반직장에서 갑질을 직장 내 괴롭힘이라고 한다. 공공기관에서 괴롭힘은 무엇이라고 부를까? 갑질이라고 한다. 똑같은 갑질이고 괴롭힘인데 누구는 괴롭힘이고 누구는 갑질이 된다. 그래서 공공기관에서는 혼란스럽다. 갑질로 신고를 해야 할지, 직장 내 괴롭힘으로 신고를 해야 할지, 공공기관에서 일어나는 갑질과 괴롭힘의 딜레마를 해결하기 위해서는 공직자로서의 나의 위치가 갑인지 을인지를 알아야 한다. 그리고 법령으로 정하고 있는 갑질과 직장 내 괴롭힘의 차이를 알아야 한다.

공직자는 갑일까, 을일까 또는 갑 & 을일까?

강의를 하면서 공직자들에게 갑인지 을인지 물어보면 99%는 을이라고 한다. 조직 내에 갑질은 있는데 갑은 없다. 그럼 갑은 누구일까. 누가 갑질을 하는 것일까.

사람은 누구나 갑과 을을 모습을 가지고 살아간다. 사람은 혼자 살아갈 수 없다. 그래서 서로 함께 살아간다. 그런데 함께 살아가는 사람들과 관계 속에는 갑과 을로 나뉘고 갑질을 하고 을질을 한다. 누가 갑이라고 하지 않아도 서로 갑인지 을인지 나도 모르게, 기가 막히게 알아차린다. 학교 친구들과의 관계 속에서도 누구는 갑이고 누구는 을이 된다. 직장생활 속에서도 지위와 관계 속에서 당연한 갑이 있고 을이 있다. 우리가 살아가는 모든 관계 속에서 다양한 권력, 권한 등 힘의 관계 속에서 갑과 을이 존재한다. 그래서 우리는 갑과 을의 관계에 대한 본질을 알지 못하면 내가 갑인 줄도 모르고 갑질을 하고 을인 줄 모르고 을질을 한다.

공공기관에서 일어나는 갑질과 직장 내 괴롭힘 차이

직장 내 괴롭힘과 공공기관 갑질에는 갑과 을이 차이가 있다. 이 차이를 알 때 내가 갑인지 을인지 알 수 있고 괴롭힘과 갑질도 예방을 할 수 있다.

① 갑질과 직장 내 괴롭힘의 적용 범위 차이

일상적으로 우리가 쓰는 갑질과 직장 내 괴롭힘이 신분에 따라 다르게 적용이 된다. 갑질은 공공기관에 근무하는 모든 임직원에게 적용이 된다. 정부에서는 2019. 2월에 공공분야 갑질 근절을 위한 가이드라인을 발표하고 공공기관에서 공직자들이 직무수행 간 갑질 방지를 위해 적용하도록 하였다. 여기에 해당하는 공공기관은 중앙행정기관, 지방자치단체, 공공기관의 운영에 관한 법률에 따른 공공기관, 지방공기업법에 따른 지방공기업, 그리고 지방자치단체 출자·출연 기관의 운영에 관한 법률에 따른 지방자치단체 출자·출연 기관에 적용된다. 또한 중앙행정기관, 지방자치단체, 공공기관 등으로부터 공무를 위탁받아 행하는 기관·개인 또는 법인 등에도 적용이 된다.

 직장 내 괴롭힘은 정부의 공공분야 갑질 근절 가이드라인을 내놓은 같은 해 2019년 7월 16일에 근로기준법 제76조의2에 직장 내 괴롭힘의 금지를 신설하면서 근로자에게 괴롭힘을 금지하지 못하도록 하고 있다. 직장 내 괴롭힘의 범위는 사용자와 근로자가 있는 직장에 해당이 되지만 5인 미만 소규모 사업장은 해당이 안 된다.

 여기서 발생하는 문제가 앞서 갑질에 적용되는 공공기관에 근무하는 사람들의 신분상 적용 범위이다. 공공기관에 근무하는 공직자 중에 공무원은 근로기준법이 아닌 공무원법의 적용을 받는다. 그런데 공무원을 제외한 공직자들은 근로기준법에도 적용이 받는다. 공무원은 갑질로, 공무원이 아닌 공직자들은 갑질과 직장 내 괴롭힘으로 둘 다 적용을 받게 되는 것이다. 그래서 공공기관에서는 괴롭힘과 갑질 문제가 발행하면 갑질인지, 직장 내 괴롭힘인지 구분을 해야 하고 신고와 조치에도 어려움이 있다.

 ② 갑질과 직장 내 괴롭힘에서 갑과 을의 범위 차이
 공공분야 갑질 근절가이드라인에서 정의하는 갑질은 '사회·경제적 관계에서 우월적 지위에 있는 사람이 권한을 남용하거나, 우월적 지위에서 비롯되는 사실상의 영향력을 행사하여 상대방에게 행하는 부당한 요구나 처우'로 정의하였다.

직장 내 괴롭힘의 정의는 '사용자 또는 근로자는 직장에서의 지위 또는 관계 등의 우위를 이용하여 업무상 적정범위를 넘어 다른 근로자에게 신체적·정신적 고통을 주거나 근로환경을 악화시키는 행위'로 정의하고 있다.

갑질과 직장 내 괴롭힘의 정의는 다르지만 본질은 같다. 갑이 을에게 부당한 행위를 하는 것이다. 그러나 갑과 을 관계의 범위를 적용하는 데는 많은 차이가 있다. 직장 내 괴롭힘의 갑과 을은 사용자와 근로와 관계로 한정하지만 공공기관의 갑질에서 갑은 우월적 지위를 가지고 있는 사람이고 을은 영향력을 받는 사람이다. 구체적으로 공직자행동강령에 제13조의3(직무권한 등을 행사한 부당 행위의 금지)에서는 갑과 을을 구체적으로 제시하고 있다. '공직자는 자신의 직무권한을 행사하거나 지위·직책 등에서 유래되는 사실상 영향력을 행사하여 부당한 행위(갑질)를 해서는 안 된다.'고 정의하고 있다. 여기서 갑은 "공직자"다. 을은 다양한 관계 열세에 있는 사람들을 명시하고 있다. 인가·허가 등 신청한 민원인, 직무 관련 다른 공직자, 물품·용역·공사 등 계약에 관한 직무관련자, 하급기관, 기타 영향을 받는 모든 관계의 개인·법인·단체다. 갑질과 직장 내 괴롭힘의 본질은 같지만 갑을의 관계 범위가 다르게 적용이 된다.

③ 갑질의 정도와 괴롭힘의 기준 차이

직장 내 괴롭힘에서 정의하는 괴롭힘은 업무상 적정범위를 넘어서 다른 근로자를 신체적·정신적 고통을 주는 행위이다. 갑질은 갑인 공직자가 을에게 부당한 요구나 처우하는 에 대한 기준이 다르다. 이러한 갑질과 괴롭힘의 차이 속에서 내가 받는 갑질과 괴롭힘을 어떻게 판단해야 할지도 딜레마가 된다.

④ 갑질과 괴롭힘의 신고 및 조치 차이

직장 내 괴롭힘에서는 법으로 괴롭힘을 신고한 사람을 보호하고 신고 내용을 조사하고 조치를 해야 하는 사용자의 의무를 법에서 부과하고 있다. 공공기관의 갑질은 직장 내 괴롭힘 방지법이 아닌 행동강령과 징계규정에 의한 절차에 의해 조치를 해야 한다.

공공기관의 갑질과 직장 내 괴롭힘 예방과 조치를 위한 노력

알아본 것과 같이 갑질과 직장 내 괴롭힘은 4가지의 차이점이 있다. 공공기관에 근무하는 공무원이나 공무원에 해당하지 않는 공직자나 모두가 다 같은 역할을 하는 사람들이다. 또한 갑질과 직장 내 괴롭힘의 본질은 지위와 권한과 영향력 속에서 일어나는 부당한 행위이다. 이 본질 속에서 현재 각각의 법령에서 적용되는 상이한 적용 범위와 행위 기준과 조치의무와 절차는 갑질과 괴롭힘으로 인한 피해자를 더 힘들게 한다. 이러한 법적인 모호함을 없애고 갑질과 괴롭힘을 적극적으로 예방하고 조치하기 위해서는 공공기관 내 갑질과 직장 내 괴롭힘을 통합한 정의와 발생 시 일원화된 조치 절차와 예방이 노력이 필요하다. 이렇게 함으로써 공공기관에서 발행하는 갑질과 직장 내 괴롭힘의 범위를 확장시키고, 모두가 부당한 갑질과 괴롭힘에서 법적인 보호를 받도록 해야 한다.

이것이 갑질과 직장 내 괴롭힘 예방 콜라보다. 얼마 전 뉴스를 보니 일부 지자체에서 갑질예방을 위해 조례에 갑질에 근로기준법상 직장 내 괴롭힘까지 포함한 조례를 만들었다고 한다. 지방 지자체의 조례도 좋지만 국가에서 나서서 공공기관에서 발생하는 포괄적이고 구체적인 갑질과 괴롭힘을 방지하기 위한 노력이 필요하다.

[갑질과 직장 내 괴롭힘 차이]

구분	공공기관 갑질	직장 내 괴롭힘
적용 법령	• 공공분야 갑질 근절 가이드라인 • 공직자 행동강령 • 징계규정	• 근로기준법 제76조의2(직장 내 괴롭힘의 금지)
적용 대상 (피해자)	• 광범위 민원인, 직무관련 다른 공직자, 물품/용역/공사 등 계약 관련자, 하급기관, 기타 영향을 받는 모든 관계의 개인/법인/단체 등	• 근로자 한정(사용자와 근로자 관계에 한정)
적용 대상 (가해자)	• 공공기관에 근무하는 모든 임직원 중앙행정기관, 지자체, 공공기관, 지방공기업, 출자·출연기관 등 공무를 위탁받아 행하는 기관/개인/법인 포함	• 사용자 또는 근로자(5인 미만 사업장은 제외)
당사자 관계 (갑/을)	• 갑 직무권한을 행사하거나 지위·직책 등에서 유래되는 사실상 영향력을 행사하는 공직자 • 을 갑의 영향력을 받는 관계 열세에 있는 사람	• 갑 직장에서의 지위 또는 관계 등의 우위를 이용하는 사용자 또는 근로자 • 을 갑에게 신체적·정신적 고통을 받거나 근로환경이 악화되는 다른 근로자
행위 기준	• 우월적 지위에서 비롯되는 사실상의 영향력을 행사하여 상대방에게 행하는 부당한 요구나 처우	• 업무상 적정범위를 넘어 다른 근로자에게 신체적·정신적 고통을 주거나 근로환경을 악화시키는 행위
신고 및 조치	• 행동강령 및 징계규정에 따른 절차 진행(신고인 보호 의무 법적 명시 미흡)	• 법으로 신고인 보호 및 신고 내용 조사/조치 의무가 사용자에게 부과됨
조치부서	• 감사실 등	• 인사부서 등

7. 덜 청렴한 교육에서 더 청렴한 교육으로

청렴교육은 재미가 없다. 국민권인귀원회 '부패방지권익위법'에서 '공직자의 청렴의무'를 이행하기 위해 공공기관장은 매년 1회 이상, 연 2시간 이상의 부패방지교육을 의무적으로 하도록 하고 있다. 국가에서 법으로 시행하는 의무교육 중에 공직자들이 싫어하는 교육 중 하나다. 그래서 제1장 '가까이하기엔 너무 먼 청렴'에서 청렴교육간 불편해하는 공직자들의 이야기를 했었다.

그래서 청렴교육은 어렵다. 청렴교육은 재미없고 지루하고 매년 똑같이 반복하는 청렴교육에 피로감이 얼굴로 써 있다. 청렴교육에 피로감을 느끼는 것에 대해 청렴교육강사들은 깊이 숙고를 해야 한다. 청렴교육에 피로감을 느끼게 하는 것은 재미의 문제가 아니라 그 사람들에게 전달되는 메시지가 없기 때문이다. 청렴교육에서 가장 중요한 것은 청렴에 대한 메시지를 주는 것이다. 교육을 듣는 사람들에게 재미를 통해서든 강의를 통해서든, 토의를 통해서든 다양한 수단과 방법을 통해서 마음속에 청렴의 메시지를 주는 것이다.

강의를 요청받으며 가끔 듣는 말이 '강사님 재미있게 해 주세요.'다. 재미없는 청렴을 재미있게 하려면 어떻게 할까? 청렴강의 주제와 연계하여 박수 치고, 웃음체조 하고, 웃기는 게임도 할 수도 있다. 그런데 주객이 전도되면 안 된다.

4년간 800여 회의 청렴강의를 준비하면서 항상 고민한다. 오늘은 무슨 이야기로 어떻게 나를 쳐다보는 공직자들을 마음과 귀를 청렴하게 할 것인가! 그리고 강의를 마치고 집에 돌아오는 길에는 늘 부족함에 아쉬움을 느끼며 생각한다. 어떻게 청렴교육을 더 잘할 수 있을까?

공직자들이 청렴에 대해 알고 흥미를 느낄 수 있는 교육 내용과 방법은 2가지가 있다.

효과적인 청렴교육

① 도움이 되는 청렴교육이다

시작하는 신입 공직자들에게는 공직자로 살아가면서 당면하게 되는 부패와 이 부패로부터 나를 보호할 수 있는 이야기를, 공직자로 살아온 공직자들에게는 내가 살아오면서 나도 모르게 했을 수 있는 부패행위를 인식시켜 주는 것이다. 맞춤형 강의를 하면 처음에 소극적인 모습으로 앉아서 불편한 눈빛으로 강의를 듣다가 나에게 필요한, 나를 보호하기 위한 이야기가 나오고, 내가 말하고 행한 것들이 부패일 수 있다는 생각을 하기 시작하면 공직자들은 마음이 움직이고 눈빛이 청렴하게 달라지며 집중을 한다.

② 체험형 청렴교육이다

마음으로 몸으로 눈으로 체득하는 청렴교육이다. 내가 강사로 적용하는 체험형 교육은 청탁금지법의 내용 중 금품수수와 처벌을 '113'이라는 숫자로 설명하고 '간첩신고 113'으로 연상하고 '청렴박수 113'을 쳐본다. 모두 박자에 맞추어 박수를 친다. 이렇게 직무관련자와 허용하는 '555'박수, 부정청탁 시 처벌 기준을 '121'박수로 함께하면 청렴교육 유효기간이 1년은 간다. 강의 후 다음 해에 만나면 청렴박수가 생각이 난다고 한다. 그리고 교육인원이 적고 공간이 된다면 청렴 연상 단어를 5가지 정도 써 보고 조원들과 서로 단어의 의미를 교환하며 청렴의 가치를 생각해 보는 체험교육도 있다. 또 주어진 상황 속에서 행동강령 + 청탁금지법 + 이해충돌방지법을 위반할 수 있는 조항 찾아서 연결하고 토의하고 말하기다. 조항 제목만 주고 조별 토의를 시키고 발표를 하면 공직자들이 얼마만큼 청렴에 민감한지 스스로 느끼고 알게 할 수 있다. 간단한 청렴노래도 만들어 박수 치며 함께 부른다. 자신이 청렴 노래를 부른다는 것에 서로들 웃으며 청렴하게 된다. 청렴캘리그라피를 통해 청렴의 마음을 글씨로 표현해 보기도 한다. 청렴에 대해 그냥 강사가 말하는 것을 듣는지 말든지가 아니라 몸으로 마음을 쓰는 청렴교육시간을 만드는 것이다.

청렴교육의 3가지 형태

공직자의 청렴의무교육은 세 가지 청렴교육이 있다. 청렴한 청렴교육과 덜 청렴한 청렴교육과 더더 덜 청렴한 교육이다. 집합대면교육을 청렴한 청렴교육이라고 하고, 온라인 비대면 화상교육 덜 청렴한 교육, 사이버 교육을 더더 덜 청렴한 교육이라고 분류한다.

① 청렴한 "집합대면 청렴교육"

안타깝게도 공공기관 청렴교육 중 가장 청렴한 교육인 집합대면교육은 10%도 안 된다. 공직자로 살면서도 외부 전문강사로부터 직접 대면하여 청렴교육을 한 번도 들어 보지 못한 공직자들도 많다. 모든 공직자의 대면 교육은 물리적으로 제한되기 때문에 온라인, 사이버 교육으로 한다. 그래도 신규 임용자나 승진자, 고위직 공직자 등은 대면으로 해야 한다.

대면교육이 청렴한 이유는 교육시간 2시간 동안 온전히 몸과 마음이 한 공간에서 강사와 마주할 수 있다는 것만으로도 의미가 있다. 또한 청렴교육강사가 어떠한 노력을 통해서든 청렴에 대한 메시지를 줄 수 있다.

② 덜 청렴한 "온라인 대면 교육"

대면교육을 해서도 청렴해질까 말까 한데, 덜 청렴한 대면(온라인 화상교육)은 청렴하려고 해도 청렴해지기가 쉽지 않다. 화상으로 등장하지도 않고 청렴교육간 업무를 하고 청렴교육에 집중할 수 없는 교육이 진행된다. 물론, 끝까지 채팅창을 통해서 소통을 하면서 잘 들으시는 분들도 있다. 그래서 비대면 온라인 교육 시에도 화상 등장을 의무로 하여 마주하면 그래도 청렴해진다.

③ 가장 덜 청렴한 "온라인 사이버교육"

공직자의 90%가 제일 덜 청렴한 교육을 받고 있다는 것이다. 물론, 온라인 사이버교육도 공직자가 청렴한 마음으로 집중하여 듣게 되면 청렴한 교육이 된다. 또한 장점으로 한 번 듣고 모르면 다시 반복해서 들을 수 있다. 그런데 실상은 업무와 다른 사적인 일들과 병행하면서 클릭, 클릭, 클릭하면서 시간을 채우는 교육으로 진행이 된다. 이러한 덜 청렴한 청렴교육을 방지하기 위해 클릭 시간을 단축하고 횟수를 늘리고 평가도 하고 유익한 콘텐츠를 개발하고 있다. 하지만 몸은 화면 앞에 있지만 마음은 콩밭에 가 있다.

온라인 교육과 사이버 교육이 덜 청렴한 이유는 청렴 6대 덕목을 지키기에 어렵기 때문이다. 첫 번째 정직하게 청렴교육을 들어야 하는데 정직하지 못한 청렴교육을 할 수 있는 환경 속에서 교육을 받아야 하고, 나머지 요소인 공정과 절제와 배려와 약속과 책임에도 영향을 미친다. 교육에 집중해야 하는데 다른 생각과 일에 절제하지 못한다. 화상 강의간 화면에 등장하지 않는 것은 강사를 배려하지 않는 행동이다. 또한 청렴의 약속을 지키기 어렵다.

청렴한 청렴교육 받게 하기

모든 공직자들에게 집합대면교육을 하는 것은 불가능하다. 그래서 법으로는 신규임용, 승진자, 고위공직자들을 대면교육으로 하고 있다. 그래도 공공기관에서는 대면교육을 좀 더 많은 공직자들이 참여할 수 있는 노력을 해야 한다. 예를 들면 청렴마일리지, 성과등급 측정 시 부서별 대면교육 시 가점 부여, 인사·예산·계약과 관련한 부서 근무자의 의무교육 지침 등이다. 또한 기관별로 부패에 취약한 분야에 대해서 더 많은 공직자들이 대면교육에 하는 것이 부패리스크를 제거하는 것이다.

여기에 가장 강력한 청렴한 청렴교육이 되기 위해서는 기관장의 역할이 필요하다. 기관장이 대면교육을 강조하고 더불어 직접 참석하면 다 해결이 된다. 기관장이 참석하면 이미 들었던 사람들도 알아서 참석하고 다 함께한다.

덜 청렴한 청렴교육으로부터 좀 더 청렴한 청렴교육이 되려면 기관장의 의지와 강사의 노력, 그리고 청렴한 교육 시스템이 함께되어야 한다.

8. 조직의 청렴 평판 높이기

평판 시대

사람은 평판을 먹고 산다. 개인적으로도 평판이 중요하다. 청렴강사로 살아가는 나도 평판이 중요하다. 청렴강사로서 받고 싶은 평판은 '청렴에 진심이 있는 강사다. 나는 평판을 높이기 위해 매일 공부하고, 홍보한다. 강의를 갔다 오면 강의 후기를 블로그에 올린다. 또한 청렴과 관련된 뉴스를 접하면 청렴강사로서의 관점으로 분석하여 블로그에 올린다. 청렴에 대한 블로그는 사람들에게 인기가 없다. 그래도 나의 블로그는 방문자가 꽤 많다. 2021년도에 청렴강사로 블로그를 시작해서 현재 방문객 50만, 1,900여 명의 이웃과 함께한다. 2024년 분석을 해 보니 방문자가 13만 명으로 하루 평균 방문자가 356명이다. 강의를 나가면 블로그를 통해서 강의를 요청했다는 말을 많이 듣는다. 나는 평판을 높이기 위해 최고의 강의와 홍보 등 노력하고 있다. 그런데 이 평판들은 거품이다. 가장 중요한 평판은 강사로서, 공인으로서 나의 행동거지다. 내가 말하고 행하는 것이 내가 강의하는 청렴이 어긋나는 정직하지 않고, 공정하지 않고, 배려하지 않고, 절제하지 않고, 약속을 지키지 않고, 책임지지 않는 나의 행위가 있다면 풍전등화와 같은 평판인 것이다.

공인과 기업의 흥망성쇄는 청렴 평판에 있다

개인 강사로서 살아가는 강사의 평판이 이럴진대, 기업이나 공공기관의 흥하느냐 망하느냐에 평판이 미치는 영향은 엄청나다. 기업에서는 평판이 나빠져서 망하는 경우가 SNS 발달로 더 자주 발생하고 있다.

골프의 전설적인 선수로 알려진 타이거 우즈(Tiger Woods)도 결혼생활에서의 부정행위 및 외도 사건이 폭로되면서 평판이 크게 훼손되었다. 그 이후 타이거 우즈는 골프에서 사향길로 접어든다.

해외사례로 미국의 Enron기업은 전력 및 자원 회사로 시작하여 에너지 시장에서 선두적인 위치를 차지했던 대형 에너지 기업이었다. 그러나 회계 부정 사건으로 인해 2001년 하루아침에 망했다. 회계 부정으로 인한 재무적인 위험을 숨기고 회사의 가치를 과장하여 투자자들을 속이는 등의 부적절한 행태로 인해 엔론은 평판을 잃으면서 파산하게 된 것이다.

평판의 가치가 실 자산 가치보다 더 크다

우리나라 기업에서도 남양유업이 평판을 잃어 모 사모펀드에 헐값으로 팔렸다. 갑질 논란을 시작으로 불미스러운 사건이 있었고, 평판 관리를 소홀히 한 결과 국민들에게 평판을 잃었다. 남양유업은 평판은 결국 1조원 규모인 자산가치의 기업을 한앤컴퍼니에 3천 107억 원에 매각을 할 수밖에 없었다. "1조 원 - 3천억 원 = 7천억 원"이다. 이를 다시 계산해 보면 자산가치는 3천억 원이고 평판의 가치가 7천억 원이다. 평판의 가치가 실자산의 가치보다 두 배나 큰 것이다. 기업에서 평판은 이외에도 경영자와 임직원의 비윤리적인 행위나 언행으로 주가가 하루아침에 반토막 나는 경우도 발생한다. 이것이 평판이다.

평판이 경쟁력이다

평판이 경쟁력 시대다. 기업들은 평판을 높이기 위해 윤리경영, 준법경영, 윤리경영, 인권경영, CSR경영, ESG경영 까지 다양한 좋다고 하는 경영을 한다. 그리고 자랑하고, 국제평판을 평가하는 기구에까지 경영실적을 공시하고 있다. 평판에 따라 투자가 이루어지고, 고객은 평판이 좋은 기업에 지갑을 열기 때문이다.

이렇게 중요해진 평판인데 공공기관의 평판은 어떨까?

공공기관이 평판이 나쁘면 그곳에서 근무하는 모든 사람들이 불행해진다. LH사태가 일어났을 때 모든 국민이 LH에 대해 공분하여 손가락질하고 질타를 했다. 그때 LH 근무하는 공직자들은 어디 가서 '나 LH에 근무한다.'라고 말할 수 있었을까! 공공기관의 평판의 특성은 소속기관에서 근무하는 어느 한 명의 비윤리적인 문제가 그 기관의 모든 공직자들은 잘못이 있든 없든 모두 잘못한 사람이 된다. 국방부에서는 이등병 한 명이 휴가 나가서 군기강을 위반했다가 적발이 되면 50만 군인이 모두 군기강

이 해이한 군대가 되는 것과 같다. 개인의 한 명의 평판이 전체의 평판이 되는 것이다.

공공기관 평판 높이기

공공기관의 청렴 평판은 매년 국민권익위원회에서 공공기관 청렴도로 알 수 있다. 1년 동안 국민들로부터 평판을 어떻게 받았는지 평가하는 것이다. 나라의 평판도 세계투명성기구에서 매년 CPI(부패지수)로 점수와 순위를 평가를 받는다.

공공기관의 평판이 높일 수 있는 방법이 있다. 청렴도를 높이는 것이다. 청렴도는 3가지를 평가한다. 외부에서 해당 공공기관과 관련하여 직무관련이 있었던 국민들이 평가하는 외부평가와 내부에서 직원들이 업무관계 속에서 평가하는 내부평가다. 그리고 청렴 노력에 대해 평가한다.

외부평가를 높이는 방법은 홍보가 매우 중요하다. 과거에는 공직자가 청탁 안 받고, 안 얻어먹으면 청렴하다고 했다. 그러나 지금은 적극적으로 부정청탁에 NO! 안 된다고 말하고, 접대를 받지 않는다고 홍보를 해야 한다. 과거에 한 번이라도 공직자와의 관계 속에서 부패경험을 한 국민의 마음속에 있는 달콤하거나 억울했던 부패의 기억을 잊지 못한다. 그래서 말해야 한다. 우리는 공정하다고, 부패하지 않다고, 그리고 친절하게 적극행정을 해야 한다. 국민의 눈높이에서 적극행정을 통해서 되게 해야 한다. 말과 행동으로 보여 줄 때 국민들은 감동하고 과거 공직사회의 부패

경험을 지울 수 있다.

다음으로 **내부평가를 높이는 방법**이다. 최근 청렴도 평가 추세를 보면 외부평가의 점수는 높아지는데 반면 내부평가의 점수는 낮아지고 있다. 외부평가보다 더 무서운 것이 내부평가가 된 것이다. 내부평가 점수가 낮은 조직은 내부적으로 불건전한 조직이다. 그래서 외부평가보다 더 무서울 수 있다. 내부평가를 높이는 방법은 직무관련공직자 간의 갑과 을 속에서 흐로고 있는 불합리한 조직문화를 개선하는 것이다. 앞에서 권력의 속성에 의해 말했던 관행 속에서 나쁜 특권, 나쁜 갑질, 나쁜 부패 문화를 바꾸어야 한다. 조직에서 지배하고 복종하지 않고 행복하게 일하는 문화를 만들어야 한다. 내부 평가를 높이면 외부평가는 자연스럽게 높아진다. 내부조직이 건전하고 일하는 것이 즐거우면 안 주고 안 받는 것을 넘어 친절하고 적극행정을 한다.

세 번째 감점을 받지 않는 방법이다. 이 방법은 소속기관 내 문제를 스스로 적극적으로 확인하여 해결하는 것이다. 국민권익위원회에서는 자체 자정능력을 가지고 적발하여 조치한 부패에 대해서는 감점을 하지 않는다. 기관장의 의지와 실천과 더불어 감사실의 공직기강 시스템과 감사를 통해서 부패를 예방활동이다.

이 시대는 평판에 죽고 사는 세상이다. 개인도, 기업도, 공공기관도, 나라도 평판이 높아야 모두가 가치를 누리며 살아갈 수 있다. 공직자가 평판이 나쁘면 공직자로서 살아갈 수 없다. 마찬가지로 공공기관이 평판이 나쁘면 없어져야 하는 조직이다. 공공기관의 얼굴은 기관장의 얼굴인 것뿐만 아니라 모두의 얼굴이다.

공공기관은 평판을 높여야 한다. 평판이 높은 기관이 국민으로부터 신뢰받고 사랑받고, 근무하는 모든 사람을 행복하게 만든다. 더불어 공공기관장도 천하의 큰 장사를 할 수 있다.

9. 적극행정이 청렴이다
   (적극행정 5가지 방법과 6대 요소)

　적극행정을 하게 되면 청렴한 조직이 된다. 적극행정이란 국민이 원하는 것을 적극적으로 하는 것이다. 원하는 것을 무조건 다 하는 것은 아니다. 부패하지 않고 할 수 있는 것을 적극적으로 하는 것이다.

　공직자는 국민의 봉사자이다. 국민을 위해서 봉사하는 사람이다. 국민을 원하는 것을 적극적으로 하는 것은 당연하다. 그러나, 과거 속에서 공직자들은 국민이 부여해 준 권력과 권한을 가지고 국민을 위해 봉사하지 않고 자신의 이익을 위해 국민 위에 군림했던 시대도 있었다. 공직자가 '갑'이었던 시대다. 이 시대에는 공직자의 이 한마디면 다 통했다. **"안 돼!"**

공직자가 '안 돼'라고 말한 4가지 이유

　과거에 공직자가 "안 돼~!" 안 된다고 하는 이유가 있었다. 안 되는 네 가지다.

① 되는데, 안 하는 것이다

　법과 규정도 하게 되어 있고, 하면 할 수 있는데 안 하는 것이다. 이것을 우리는 소극행정이라고 한다. 소극행정에는 적당히 형식만 갖추어 업무를 처리하는 '적당편의' 주어진 업무를 게을리하거나 부주의하여 업무를 이행하지 않는 '복지부동'. 기관의 불합리한 업무관행에 젖어 있거나 현실과 동떨어진 '탁상행정', 공적인 권한을 부당하게 행사하거나 부서 간에 책임을 떠넘기는 '관중심의 행정'이 있다.

② 안 되기 때문에 못 한 것이다

　국민이 원하는 것이 당연하고 합리적인 것임에도 안 되는 것이다. 왜냐하면, 법과 규정이 그 행위를 허용하지 않기 때문이다. 공직자가 법과 규정을 위반하여 해 주게 되면 당연 부패행위가 되기 때문에 해 주고 싶어도 할 수 없는 경우다.

③ 하려고 했는데 하지 못해서 안 된 것이다

　이 경우도 국민이 원하는 것이 당연하고 합리적인 요구이다. 그럼에도 나 혼자 하려고 해도 힘이 부쳐 할 수 없는 것이다. 요구하는 내용이 타 부서와 다른 부처와 연계가 되어 있어서 그 부서와 함께 나서지 않으면 할 수가 없는 경우이다.

④ 하려고 하지만 기술이 안 돼서 못 한 것이다

　이 경우도 당연히 해야 함에도 불구하고 아직 국민이 원하는 것을 해줄 수 있는 기술과 능력이 부족해서 해 줄 수 없는 경우이다.

그래서, 공직자들은 **'안 돼요!'**라고 국민에게 말했다. 그런데 지금의 국민은 **왜! 안 되냐**고 묻는다. 국민은 당연히 되어야 하는데 '왜, 안 되냐'고 묻고 있는 것이다. 국민의 목소리에 좀 더 적극적인 조치를 위해 '19.8.6. 인사혁신처에서 대통령령으로 '적극행정 운영규정'이 제정이 되어 시행하게 되었다.

> 1. "적극행정"이란 공무원이 불합리한 규제를 개선하는 등 공공의 이익을 위해 창의성과 전문성을 바탕으로 적극적으로 업무를 처리하는 행위를 말한다.
> 2. "소극행정"이란 공무원이 부작위 또는 직무태만 등 소극적 업무행태로 국민의 권익을 침해하거나 국가 재정상 손실을 발생하게 하는 행위를 말한다.

시행된 지 5년차 되고 있는 지금 공직사회에서 '적극행정 붐'이 일어나고 있다. 소극행정을 넘어서 적극행정이 이야기가 넘쳐나고 있다. 적극행정 시대가 도래한 것이다. 왜냐하면 시대가 변했기 때문이다. 공직사회에 대한 국민들의 권리 실현의 요구도 매우 커졌고, 4차혁명시대와 AI시대의 기술이 매일매일 변하고 있다. 또한 기후위기로 인해 각종 국민들의 건강과 안전과 환경의 위협을 받고 있다. 시대에 국민들의 소리와 변화를 민감하게 알고 대처하지 않으면 국민의 건강과 안전과 생명의 위험에 노출될 수밖에 없게 되었다. 변화하는 환경에 맞추어 공직자들이 적극적으로 변해야 국민들을 보호할 수 있는 시대가 되었다. 이제 적극행정은 선택이 아닌 필수의 시대가 된 것이다.

안 되는 것을 되게 하는 적극행정 5가지 방법

'안 되는 것(소극행정)을 되게 하는 것'으로 적극행정에는 5가지 방법이 있다.

> ① 되는데~ 안 한 것을 하는 것
> ② 되는데~ 더 잘되게 하는 것
> ③ 안 됐던 것을~ 되게 하는 것
> ④ 혼자 안 됐던 것을~ 함께 되게 하는 것
> ⑤ 안 해도 되는 것을~ 되게 하는 것

① '되는데~ 안 한 것을 하는 것'은?

공직자가 되는데 소극행정으로 안 한 것을 하는 것이다. 앞에서 언급했던 적당편의, 복지부동, 탁상행정, 관공서 중심의 행정을 하지 않는 것이다.

② '되는데~ 더 잘되게 하는 것'

되는데 더 잘되게 하는 것은 지금까지도 되어 왔지만 더 쉽게, 불편하지 않게, 더 효과적이게 할 수 있게 하는 것이다.

③ '안 됐던 것을 되게 하는 것'

되어야 함에도 불구하고 법과 규정에 근거가 없어서, 또는 국민의 요구를 충족시켜 줄 기술이 부족해서 안 됐던 것이다. 이런 경우는 법과 규정을 정비하고, 변화하는 기술을 이용하여 안 됐던 것을 되게 하는 것이다.

④ '혼자 안 됐던 것을~ 함께 되게 하는 것'

혼자 하려고 해도 안 됐던 것을 다른 공직자·기관·부처와 연결, 연결하여 협업을 통해서 되게 하는 것이다.

⑤ '안 해도 되는 것을~ 되게 하는 것'

공직자가 안 해도 되는 것을 되게 하는 것은 적극행정의 최고이다. 공직자가 직무수행간 국민이 느끼는 불편함을 민감하게 인지하여 개선해야겠다라고 느끼고 안 해도 되는 것을 되게 하는 것이다.

적극행정을 하게 하는 6가지 요소

적극행정을 하기 위해서는 6대 요소가 융합이 되어야 한다. '2023~2024년 인사혁신처 적극행정 경연대회'에서 대통령상을 받은 중앙행정기관, 지방자치단체, 공공기관의 적극행정 사례를 분석해 보니 공통점이 있었다. **① 민감성, ② 전문성, ③ 창의성, ④ 과학기술·AI, ⑤ 협업, ⑥ 열정, 이 6가지 요소**가 있었다. 적극행정은 변화하는 국민의 요구와 환경을 민감하게 느끼고 직무의 전문성과 창의성을 가지고 과학기술·AI를 접목하여 안 되는 것을 협업과 끈질긴 열정을 통해서 해내는 것이었다.

적극행정을 하면 청렴한 조직이 된다. 매년 공공기관 청렴도 평가에서 낮은 평가의 이유가 소극행정에서 비롯된다. 실제 부패하지 않음에도 불구하고 할 수 있는 것을, 해야 할 것을 하지 않을 때 국민들이 느끼는 감정은 부패행위로 판단하는 것이다. 또한 적극행정을 실천하는 데 기본 바탕이 되어야 하는 것이 있다. 국민의 이익, 공공의 이익을 위한 적극행정이어야 한다. 만약, 안 되는 것을 되게 하는데 '공적인 이익이 아닌 사적인 이익'을 위한 행정이 된다면 적극행정이 아닌 부패행위가 될 수 있다.

적극행정으로 세 마리 토끼 잡기

공공기관에서 적극행정을 하면 세 마리의 토끼를 잡을 수 있다. 공공기관은 매년 평가를 받는 국민권익위원회에서 청렴도 평가와 기획재정부에서 경영평가, 그리고 자체 소속기관별로 업무 성과평가를 받게 된다. 이 세 가지는 모두 연결되어 있다. 뿐만 아니라 적극행정을 한 공직자에 대한 보호와 보상이다. 적극행정간 법령 위반에 대한 책임과 주변의 불편한 시선, 사적 이익의 의심, 실패에 대한 책임 등 어려움 이기고 용기를 내어 적극행정을 한 공직자에 대한 보호다. 감사 결과에 대한 면책, 징계면제. 법제지원, 구상권 제한, 소송비 지원, 사전컨설팅 등 당연히 국가가 보호해 주어야 한다. 또한 적극행정 공직자에 대한 보상이다. 특별승진, 특별승급, 성과급, 국외훈련 우선권 등 국민과 국가를 위해 노력한 공직자에 대한 당연한 보호와 보상들이다.

공직자라면 누구나 적극행정을 할 수 있다. 지금 공직자들이 국민의 건강과 안전과 공정한 거래와 편의를 위해 고민하고 있는 것 모두가 적극행정인 것이다. 역사를 살펴보면 조선시대 적극행정의 대가들이 있다. 바로 백성을 위해 제도를 바꾸고 측우기, 해시계, 자격루, 한글을 만드신 세종대왕이다. 또한 정조대왕이다. 정조대왕은 백성의 소리를 듣고 혁신을 위해 목숨까지 걸었다.

이제 적극행정은 선택이 아닌 필수가 되었다. 적극행정을 통해 청렴한 기관, 적극행정 우수기관, 특진과 명예, 세 마리 토끼를 다 잡는 공직자를 응원한다.

에필로그

너 나 청렴하세요.
나 하나 청렴되어 세상이 달라지겠냐고 말하지 마라.

책 제목을 《너나 청렴하세요!》로 했다. 역설적인 제목이다. 청렴이라는 글자가 있는 책은 베스트셀러가 될 수 없다. 불편한 청렴이기에 누가 한 번 눈길도 주지 않을 것 같다. 그래서 청렴에 눈길 한번 주면서 느낌표를 줄 수 있는 제목으로 하였다.

그리고 《너나 청렴하세요!》에는 '너나 잘하세요!'의 뜻을 넘어 숨겨진 의미가 있다. 너 나 사이에 &가 있다. 너와 나, 우리가 청렴해야 한다.

너와 내가 청렴하면 이런 세상이 될 것이다.

청렴한 사람이 편안하고,
청렴한 사람이 인정받고,
청렴한 사람이 칭찬받고,
청렴한 사람이 존경받고,
청렴한 사람이 대박나고,
청렴한 사람이 천하의 큰 장사를 하는
청렴한 너와 나 그리고 모두가 행복한 세상.

너나
청렴하세요!

ⓒ 김효광, 2025

초판 1쇄 발행 2025년 8월 14일

지은이	청렴인권경영연구소(김효광 강사)
펴낸이	이기봉
편집	좋은땅 편집팀
펴낸곳	도서출판 좋은땅
주소	서울특별시 마포구 양화로12길 26 지월드빌딩 (서교동 395-7)
전화	02)374-8616~7
팩스	02)374-8614
이메일	gworldbook@naver.com
홈페이지	www.g-world.co.kr

ISBN 979-11-388-4596-0 (03330)

· 가격은 뒤표지에 있습니다.
· 이 책은 저작권법에 의하여 보호를 받는 저작물이므로 무단 전재와 복제를 금합니다.
· 파본은 구입하신 서점에서 교환해 드립니다.